NOTICE

SUR

La Nouvelle-Calédonie

SES RICHESSES, SON AVENIR

Tous droits de reproduction et de traduction réservés pour tous les pays, y compris la Suède et la Norvège.

S'adresser, pour traiter, à la Librairie PAUL OLLENDORFF, *5o, Chaussée d'Antin, Paris.*

UNION AGRICOLE CALÉDONIENNE

NOTICE

SUR LA

Nouvelle-Calédonie

SES RICHESSES, SON AVENIR

RÉDIGÉE

Pour l'Exposition universelle de 1900

PARIS
SOCIÉTÉ D'ÉDITIONS LITTÉRAIRES ET ARTISTIQUES
Librairie Paul Ollendorff
50, CHAUSSÉE D'ANTIN, 50

INTRODUCTION

En 1894, un petit groupe d'hommes fixés depuis plusieurs années déjà dans la colonie, convaincus qu'il existait dans leur contrée d'adoption tous les éléments que recherche l'activité humaine, et désireux de voir mettre en œuvre les richesses locales, associèrent leurs efforts pour faire connaître, non seulement à leurs compatriotes métropolitains, mais aussi à leurs concitoyens, nouveaux colons, ce qu'était notre colonie et ce qu'elle pouvait être sous l'impulsion naissante du courant d'immigration saine, qu'un esprit nouveau apportait parmi nous.

Cette Association prit le titre d'*Union Agricole Calédonienne*. Elle comptait, parmi ses membres actifs, des propriétaires, et aussi beaucoup de négociants, et, dès le début, elle choisit, comme président d'honneur, le Gouverneur qui, arrivé dernièrement dans la colonie, avait inspiré la confiance dans l'avenir à tous les esprits ardents et jaloux de la prospérité coloniale. Ce gouverneur est M. Feillet.

Le rôle de l'Union a été défini par son bulletin mensuel; partout, elle a cherché à faire connaître les produits néo-calédoniens et elle les a caractérisés par la marque « La Roussette », à laquelle elle a donné la publicité que lui ont permis les ressources que lui procurent les cotisations de ses membres et de ses adhérents.

Quand est venue la question de l'Exposition Universelle de 1900, l'Union agricole calédonienne s'est demandé ce qu'elle ferait ? Son parti a été vite pris cependant. De quoi s'agit-il avant tout pour elle ? Faire connaître la Nouvelle-Calédonie aux Français pour qui le nom n'évoquait, il y a quelques années encore, rien de bon. Et, pour faire connaître la colonie, qu'y avait-il de plus simple que de la présenter elle-même, telle qu'elle est, avec la foi au cœur de ceux qui croient en l'avenir du travail ? Ainsi fut décidée la confection de la carte en relief, à grande échelle, autour de laquelle on grouperait, pour l'Exposition, les produits naturels de ses mines et de son agriculture et ceux de son industrie naissante.

Des esprits sérieux, convaincus, ne pouvaient faire que des choses sérieuses ; dès la première heure, le comité rejeta toute idée d'exhibition de ce qui est un passé : les Canaques. L'avenir est aux immigrants, aux colons ; ceux-ci associeront à leurs travaux les indigènes, et, de cette façon, ils élèveront la race inférieure et lui enseigneront à jouer, dans une civilisation laborieuse, le rôle que chacun, selon ses moyens, doit y remplir.

Établir la carte en relief était une œuvre de longue haleine. Fort heureusement, l'*Union agricole* rencontra un homme capable et de bonne volonté, M. Laporte, chef d'escadron breveté, commandant la gendarmerie. M. Laporte réunit les matériaux épars, les compléta, constitua un petit personnel docile à ses ordres et conduisit l'entreprise jusqu'au jour où il dut rentrer en France, avec une carte dessinée au quarante millième, prête à être éditée, et qui, suivie scrupuleusement dans l'exécution du relief, a permis de l'exécuter tel qu'il est.

L'effort d'argent était au-dessus des moyens de l'*Union agricole* qui s'adressa aux assemblées élues de la colonie et obtint d'elles les subsides nécessaires.

La carte, c'est bien, mais ce n'est pas tout ; il fallait la compléter d'une notice énumératrice des richesses de la colonie, que la carte ne peut montrer aux yeux. Au comité, on se partagea la besogne, et chacun, dans sa sphère d'action, promit d'apporter sa part de connaissances. C'est ainsi que s'est faite la notice que nous présentons à ceux que tente le mouvement, à ceux qui cherchent et qui veulent s'instruire : les uns et les autres, entrant en communauté d'idées avec nous, nous seront également utiles. Les uns viendront ici voir et s'y établiront peut-être ; les seconds nous fourniront ou les capitaux qui font défaut pour aller vite, ou bien, ils trouveront, dans ce que nous sommes, dans ce que nous possédons, une source nouvelle à leurs travaux. Savants, capitalistes, travailleurs, tous concourront au progrès.

Charles Naudin, dans l'introduction à son *Manuel de l'acclimateur*, dit : « Coloniser, c'est demander à la terre tout ce
« qu'elle peut produire eu égard au climat et à la nature du
« sol. Ce sont là les conditions premières et naturelles de la
« culture ; mais, à côté d'elles, il y en a d'autres dont il importe également de tenir compte ; ce sont *les conditions
« économiques*, toujours complexes, variables suivant les
« temps et les lieux, et qui trouvent leur expression la plus
« nette dans les transactions commerciales. *Une terre, quelle
« qu'elle soit*, ne produit jamais à elle seule tout ce qui est nécessaire à une société civilisée, et ce qu'elle produit le plus
« aisément n'est pas toujours ce qu'il y a de plus avanta-
« geux à celui qui la cultive. Telle plante qui, pendant des

« siècles, a fait la fortune d'un pays, peut, à un moment
« donné, ne plus payer ses frais à la culture, soit parce que
« la terre est épuisée, soit par suite de la cherté du travail,
« soit enfin parce qu'elle est supplantée par un autre produit
« plus en harmonie avec les goûts nouveaux. »

Graves réflexions que l'ancien monde devrait méditer et que le nouveau doit conserver en mémoire, s'il ne veut pas défaillir, et s'il tient a garder l'esprit en éveil pour la concurrence, essence de la vie réelle.

Nos collections photographiques, bien restreintes contre nos désirs, se complètent de celles des animaux qui ont figuré au Concours régional et à l'Exposition dont nous avons fait précéder, en septembre dernier, à Nouméa, l'envoi pour l'Exposition universelle, à Paris.

Rendons ici un public hommage au dévouement de nos collaborateurs, au premier rang de qui nous trouvons notre président d'honneur, M. Feillet, toujours sur la brèche; à MM. C. Caulry, Bernier, Escondé, Atkinson, Camouilly, L. Colardeau, et aux quelques fonctionnaires, trop modestes, qui ont toujours su associer leur labeur aux efforts de la colonisation.

Et, avant de clore ces pages, qu'il nous soit permis de laisser percer un chagrin. Nous voulons notre colonie grande, nous la souhaitons l'honneur de la Mère-Patrie; mais nous ne pouvons tout faire, nous sommes trop jeunes et, dans le tourbillon de la concurrence universelle, nous sentons cependant combien vite s'élargirait notre vie, combien nous grandirions, si notre outillage économique répondait aux besoins actuels. Voyez notre carte ; nous n'avons pas de port outillé, nous n'avons pas ces routes perfectionnées, appropriées, les chemins de fer, avec lesquels commence aujourd'hui tout pays neuf. Tandis que la Métropole fermait ses portes à la concurrence étrangère, elle ouvrait sa bourse toute grande à ce même étranger et lui fournissait des moyens puissants de passer outre la barrière élevée, en diminuant les prix de revient pour l'agriculture, par l'usage mis à sa portée des moyens perfectionnés ; facilitant les transports en les abrégeant et diminuant les risques, par l'ouverture de canaux interocéaniques, par la construction de voies ferrées sur toute la traversée du vieux continent, enfin, par les subventions que les États étrangers emprunteurs fournissent à des lignes de navigation concurrentes des lignes françaises. N'y a-t-il pas une certaine amertume pour la colonie, à voir les capitaux français s'éparpiller à cet objet, dont une si minime part doterait si puissamment le sol étendu de la Patrie française ; et nos mines ne valent-elles pas celles du Laurium, celles du Transvaal ?

Nous avons foi dans l'avenir de la Nouvelle-Calédonie et nous appelons l'écho de cette foi ardente, chez nos compatriotes. Si nous réussissons, en nous montrant ce que nous sommes, notre œuvre sera accomplie.

Nouméa, octobre 1899.

OUVRAGES PARUS

SUR LA NOUVELLE-CALÉDONIE

Les Mines de la Nouvelle-Calédonie, 1891. L. Pelatan.
Annuaire de la Nouvelle-Calédonie, 1891.
Voyage a pied en Nouvelle-Calédonie, 1884. Ch. Lemire.
Origines et progrès de la Nouvelle-Calédonie, 1885. Paul Cardeil.
Géographie de la Nouvelle-Calédonie, 1890. L. Gauharon.
La Nouvelle-Calédonie, 1889. L. Henrique.
Géographie de la Nouvelle-Calédonie, 1876. Faure Biguet.
La Nouvelle-Calédonie a l'Exposition de 1889 (Nourrit, 1888.) E. Pardeau.
Souvenirs de la Nouvelle-Calédonie, 1880. H. Rivière.
Les Canaques de la Nouvelle-Calédonie. Dr Maurice.
Esquisse ethnographique, 1895. Vincent.
La Nouvelle-Calédonie agricole et minière, 1900. Jean Carol.

La Nouvelle-Calédonie
SES RICHESSES, SON AVENIR

GÉOGRAPHIE ÉCONOMIQUE, OUTILLAGE, COLONISATION

I

Situation géographique. — Configuration. Climat.

La Nouvelle-Calédonie, l'une des îles les plus considérables de l'Océanie, par son étendue, s'allonge dans la direction du sud-est au nord-ouest. Elle est située entre les 20°10' et 22°26' de latitude sud et les 161°30' et 164°40', de longitude est.

Elle a 400 kilomètres de longueur et sa largeur moyenne est de 50 kilomètres.

Les côtes de la Nouvelle-Calédonie sont très découpées et elles offrent un aspect des plus pittoresques, surtout à l'est.

Les madrépores forment tout autour de l'île une immense ceinture de récifs qui tantôt s'éloignent, tantôt se rapprochent du littoral, et ménageant au cabotage, surtout sur la côte est, une sorte de canal d'eau tranquille, coupé à l'embouchure des rivières par des passes plus ou moins larges qui donnent accès vers la haute mer.

L'hydrographie des côtes est actuellement complète.

La marine peut trouver dans les *Instructions nautiques sur la*

Nouvelle-Calédonie et dépendances [1] tous les renseignements nécessaires à la navigation.

La Nouvelle-Calédonie est un pays essentiellement montagneux, mais il suffit de jeter un coup d'œil sur la belle carte en relief, préparée par l'Union agricole calédonienne pour l'Exposition de 1900, pour se rendre compte que ces montagnes sont parfaitement accessibles. Cette carte permettra de détruire une légende qui a beaucoup nui à la colonisation de la Nouvelle-Calédonie. Le noyau de l'île, jusqu'à ces dernières années, peu exploré, était désigné sous cette fausse appellation de chaîne centrale, qui évoquait l'idée de hautes montagnes aux flancs abrupts, séparant, comme par un mur difficilement franchissable, la côte est de la côte ouest. On se demandait comment on pouvait coloniser une île large de 50 kilomètres dont le littoral était peu fertile, sur la côte ouest, et dont le noyau était formé par une chaîne de montagnes escarpées.

Mais telle n'est pas la réalité. Ceux qui ont parcouru les magnifiques vallées de l'intérieur de l'île, les reconnaîtront dans la belle carte en relief de l'Exposition, et, à la légende d'une chaîne centrale inaccessible, succédera bientôt une connaissance exacte des choses.

Or, en réalité, en dehors du massif minier et inculte qui remplit tout le sud de l'île, la Nouvelle-Calédonie se compose d'une série de vallées débouchant à la mer sur les deux côtes et remontant, en pente assez douce, jusqu'à des cols peu élevés; de telle sorte qu'à telle vallée de la côte ouest correspond une vallée de la côte est : leur réunion forme des zones de terres admirablement fertiles et éminemment propres à la colonisation. Sur ces vallées, en effet, viennent se greffer une quantité considérable de vallons formés par les nombreux affluents de chaque rivière principale, de telle sorte qu'une suite de domaines bien arrosés peut y être facilement découpé.

Ces régions, propres à la colonisation agricole, allant d'une côte à l'autre, sont séparées, dans le sens de la largeur de l'île, par

---

1. Imprimerie nationale (Prix : 4 fr.).

des massifs montagneux assez difficiles à franchir, mais qui renferment en général d'abondantes richesses minières.

De telle sorte que, pour décrire l'île à grands traits et en gros, on peut dire qu'elle est formée de tranches transversales, tantôt propres à la colonisation agricole : ce sont les vallées s'enchevêtrant les unes dans les autres, tantôt propres à la colonisation par l'industrie des mines : ce sont les massifs montagneux aux pentes abruptes et aux gorges étroites.

Ce pays est aussi beau qu'il est riche.

Les montagnes calédoniennes offrent, du haut de leurs principaux sommets, des points de vue admirables. Malgré leur altitude moyenne, relativement faible (les plus hautes, le Humboldt et le Panié, ont près de 1,700 mètres), elles se déroulent en lignes nobles et majestueuses. Sur leurs flancs, et presque jusqu'à la cime, s'étagent de belles forêts aux essences variées et dans lesquelles certains arbres, comme le Kaoris, atteignent des proportions énormes.

Ce beau pays, aux sites enchanteurs, aux merveilleuses richesses naturelles, agricoles et minières, peut être conquis par l'Européen, sans danger pour sa santé.

La Nouvelle-Calédonie jouit, en effet, d'un climat qui peut, sans exagération, passer pour l'un des plus beaux et des plus salubres du monde habité.

Malgré quelques régions marécageuses, notamment sur la côte occidentale, les fièvres paludéennes sont inconnues, et l'Européen peut y remuer la terre sans redouter aucune des maladies épidémiques qui rendent souvent dangereux pour lui le séjour dans les pays chauds. Le soleil lui-même n'est pas, en Calédonie, un ennemi contre lequel il faille se garder sans cesse, comme dans les autres pays tropicaux. Les précautions élémentaires suffisent à garantir de ses atteintes.

En sorte que les conditions d'existence et les chances de longévité sont aussi assurées dans cette colonie que dans la Métropole, mieux même qu'en certaines parties de la France, et que le colon qui débarque en Nouvelle-Calédonie n'a pas à se préoccuper tout d'abord de ménager ses peines afin d'épargner sa santé. Qu'il observe quelques règles d'hygiène faciles à suivre et il n'aura rien à redouter du climat.

Ce climat diffère beaucoup, d'ailleurs, de celui des autres colonies réputées chaudes.

En Calédonie, le thermomètre monte très rarement au-dessus de 33° au milieu du jour, et il descend très rarement au-dessous de 8° pendant les nuits les plus froides. Sur les douze mois de l'année, trois seulement offrent des températures parfois excessives, pendant une période qui s'étend généralement du milieu de décembre au milieu de mars. Cette période de fortes chaleurs pourra être passée sans souffrance le jour, où, par les progrès de la colonisation, des sanatoria seront installés dans les montagnes.

Dès à présent, tout en étant assez fatigante, elle n'est jamais intolérable, car les nuits sont toujours assez fraîches.

Cette période de trois mois de chaleur vraiment tropicale est préparée ou suivie par quelques jours de chaleurs moins fatigantes, dont le total peut être évalué à six semaines ou deux mois au maximum.

Enfin, pendant sept mois de l'année, on jouit d'une température délicieuse, ni trop élevée, ni trop basse, assez semblable à celle de nos plus beaux printemps de France.

La saison pluvieuse n'est pas nettement tranchée, et, à ce point de vue, toutes les années ne se ressemblent pas en Nouvelle-Calédonie.

Cependant, les pluies sont généralement abondantes pendant les mois de fortes chaleurs. Il se produit parfois d'assez longues sécheresses. Mais les rivières, alimentées par les sources, nombreuses dans les montagnes boisées du noyau de l'île, tarissent rarement; les plus importantes ne tarissent jamais.

En résumé, la beauté du ciel, la nature du sol et le régime des eaux font de la Calédonie une terre véritablement privilégiée.

II

Colonisation agricole. — Distribution des terres propres à la colonisation.

Pour attirer des colons français dans une colonie lointaine comme la Calédonie, il est de toute nécessité de faire un choix scrupuleux des terres à distribuer ; il faut aussi pouvoir assurer aux colons des cultures rémunératrices.

Depuis longtemps, des essais de culture de café ont été faits dans la colonie. Malgré leur succès, l'élevage d'abord, l'industrie des mines ensuite, avaient séduit davantage les colons, et ce n'est que vers 1894 que le café prit un essor qui ne s'est pas ralenti depuis.

D'autres tentatives se poursuivent : le caoutchouc de Céara, qui donne de grandes espérances ; la vanille, dont la qualité est égale aux meilleures sortes de Bourbon ; l'indigo, qui pousse ici à l'état sauvage et que des colons avisés cherchent à exploiter ; le manioc, pour la fécule et le tapioca.

Ces essais se multiplient, et je ne cite que les plus importants. Il en sortira pour la colonie une variété de ressources qui lui épargnera les dangers de la monoculture, et qui donnera aux colons la certitude d'une rémunération avantageuse de leurs efforts.

Dès à présent ils ont, dans le café, une culture riche et s'adaptant à merveille à la petite colonisation familiale qui est celle qui doit être le plus encouragée dans ce pays ; car c'est celle qui peuplera le mieux cette île lointaine, dont on peut faire si facilement une petite France australe.

La configuration du sol, décrite plus haut, détermine naturellement les règles qui doivent présider à la distribution des terres.

Les terres les meilleures étant celles des vallées enchevêtrées rayonnant d'une côte à l'autre, et formant des zones de culture juxtaposées transversalement à des zones de hauts massifs miniers ; il était nécessaire de commencer par l'établissement, au débouché de chaque vallée, d'un fort noyau de population. De là, on remontera de proche en proche, établissant dans chaque réseau de vallons un certain nombre de colons, de manière à ce qu'une suite ininterrompue de propriétés vienne peupler les belles solitudes, les terres fertiles et les sites enchanteurs du centre de l'île.

Dans l'accomplissement de ce programme, le gouvernement local se heurtait à deux principaux obstacles : 1° beaucoup de terres, les mieux situées, faisaient partie des réserves pénitentiaires ; 2° La plupart des terres avoisinant les débouchés des vallées étaient occupées par les indigènes.

Réserves pénitentiaires. — La Nouvelle-Calédonie a été longtemps considérée comme un bagne. D'autres industries ne pouvaient s'y créer qu'autant qu'elles ne gênaient pas la transportation. La colonisation du pays devait se faire par la population pénale.

Des millions ont été dépensés dans des essais constamment renouvelés. L'expérience laissa, après plus de vingt années de tentatives infructueuses, la colonie sans travaux publics, sans colons, avec quelques centres de concessionnaires pénaux qui n'avaient aucune attache sérieuse au sol, puisque la plupart quittaient leurs concessions, aussitôt leur libération obtenue.

Il fallut bien se rendre à l'évidence. Aussi la Métropole, devant cet échec compensé d'ailleurs par le succès des tentatives de colonisation libre, se décida-t-elle à liquider progressivement la transportation en Calédonie, par la cessation de l'envoi de condamnés. La conséquence logique était la revision des réserves pénitentiaires, beaucoup trop considérables dès lors, et c'est ainsi que le décret du 6 octobre 1897 rendit à la colonisation libre 42,919 hectares de terres.

Cantonnement des indigènes. — Les tribus occupaient la plupart des embouchures des rivières. Le programme de colonisation rencontrait là un obstacle qu'il fallait détruire ou tourner. C'est à le tourner que s'appliqua le gouvernement local.

La plupart des tribus, n'ayant pas été cantonnées depuis la conquête, occupaient tout le territoire qui constituait, de temps immémorial, leur domaine. Mais dire qu'elles l'occupaient est une erreur, car elles n'en utilisaient pas la dixième partie.

L'opération de cantonnement n'a donc pas consisté à retirer aux indigènes des terres cultivées par eux, pour les donner aux colons français, mais simplement à délimiter les terres que les indigènes utilisaient, en les calculant très largement, et rendre ainsi disponibles toutes celles qui leur avaient été reconnues inutiles.

Cette opération du cantonnement des indigènes ayant servi de prétexte à des imputations calomnieuses, il me paraît utile d'insister et de donner quelques détails sur les règles suivies dans cette circonstance.

Les indigènes, bien qu'en réalité ils cultivent une très petite quantité du terrain qu'ils occupent, ont été traités comme les colons français eux-mêmes, car la quantité de 3 hectares par tête (hommes, femmes et enfants), admise comme minimum qui, en fait, a été toujours largement dépassé, correspond sensiblement à la quantité de terres données en concession gratuite aux colons.

Mais, en outre, une indemnité en argent a toujours été accordée aux indigènes soumis à l'opération du cantonnement.

Comment cette idée d'indemnité intervient-elle ?

Il faut, dans les opérations de cantonnement de Canaques, distinguer deux cas bien différents.

Ou bien, sans toucher aux terres occupées en fait par les indigènes, et en leur en laissant dans la proportion admise de 3 hectares par tête au minimum, on se borne à reprendre le surplus des terres autrefois occupées par les tribus, et alors une indemnité légère suffit, et elle ne représente, dans ce cas, que ce que l'on peut appeler le signe palpable de leur consentement ; ou bien on est obligé par les circonstances, ou pour la formation judicieuse des centres de colonisation, de reprendre des terres réellement occupées par les indigènes, et alors l'indemnité doit être plus forte, et doit représenter à la fois le signe de leur consentement et une indemnité pour une sorte d'expropriation pour cause d'utilité publique.

Plusieurs cas différents peuvent être envisagés dans cet ordre d'idées ; mais ils doivent tous être ramenés à cette règle, qu'il ne peut être rien pris aux indigènes, en considérant comme leur appartenant les terrains occupés en fait par eux, arrondis dans la proportion de 3 hectares par tête, sans une compensation suffisante, et qui doit être tout d'abord donnée en terres dans la même proportion de trois hectares par tête, l'indemnité en argent ne pouvant intervenir que pour compenser le dérangement causé, la perte des cases, la différence entre la valeur des sols échangés, au point de vue des arbres et des plantations.

Ces cantonnements ont toujours été faits avec le plus grand soin, du consentement réfléchi des tribus représentées par les chefs ; et, malgré les calomnies qui ont été lancées à ce sujet, les tribus, non seulement ne se sont pas considérées comme spoliées, non seulement n'ont pas subi ces cantonnements par un abus d'autorité, mais au contraire les ont toujours sollicités, assurées qu'elles étaient d'y trouver de grands avantages.

Les indigènes savent, en effet, maintenant, que le voisinage du colon français est une source de profits très grands pour eux ; ils savent que, si leurs cantonnements se trouvent, comme cela se pratique généralement, enchevêtrés dans les centres de colonisation libre, ils n'ont plus à craindre ni les dévastations de leurs cultures par le bétail sauvage, ni la famine si leurs récoltes viennent à manquer. Ils trouvent chez les colons, en engageant leurs bras à un prix raisonnable, des ressources qu'ils sont loin de dédaigner.

Aussi n'y a-t-il pas aujourd'hui de tribu qui ne soit délimitée, et qui n'ait pas sollicité son cantonnement.

En réalité, on peut discuter la question de savoir si la présence de l'Européen dans les îles océaniennes a été profitable ou non aux races indigènes ; mais il paraît certain que, cette présence une fois admise par la force des choses, la civilisation de l'indigène ne se fera que par son contact aussi rapproché que possible avec l'élément sain de colonisation qui est en train actuellement de peupler la Nouvelle-Calédonie. Le cantonnement des indigènes doit donc servir à la fois la cause de la colonisation agricole, et celle non moins intéressante de la civilisation des races autochtones.

Lorsque, dans chaque vallée, les terres ont été ainsi reconnues, délimitées, et rendues disponibles, le service topographique les allotit en lots de 25 hectares, tous pourvus d'eau et contenant une quantité de terres de première qualité qui ne peut être inférieure à 5 hectares. C'est ainsi que, partant de la mer, et remontant les vallées, les colons s'installent progressivement, peuplant ces terres magnifiques qui attendent leur mise en valeur depuis des siècles.

III

Le recrutement des colons. — Conditions de réussite. Main-d'œuvre.

Le problème du recrutement des colons est infiniment plus complexe, plus délicat en France qu'en Angleterre. En Angleterre, lorsqu'on veut coloniser un pays neuf, il suffit de répandre, par la voie de la presse, les renseignements sur les ressources de cette terre nouvelle, pour qu'un courant d'émigration se forme. Quelques mesures simples et pratiques sont prises pour la distribution des terres, et puis l'initiative privée fait le reste.

Mais en France, il faut faire naître le mouvement de colonisation; et surtout, une fois créé, il faut à tout prix éviter que les échecs des premiers colons arrivés ne viennent tarir ce courant si difficile à établir dans un pays qui a perdu ses traditions de peuple colonisateur, et qui ne les reprend aujourd'hui qu'avec timidité.

Aussi, tandis que, dans les pays anglo-saxons, on ne s'inquiète en aucune façon de ceux qui ne réussissent pas, et que le chiffre des échecs représente souvent 50 0/0 des émigrants sans que personne s'en émeuve, l'administrateur français qui entreprend le peuplement d'une colonie ne doit pas chercher surtout à recruter un nombre considérable d'émigrants, laissant se faire, après l'arrivée dans la colonie, la sélection entre ceux qui doivent réussir, et ceux qui doivent échouer.

Il est préférable d'écarter des éléments de colonisation qui, après sélection, auraient peu contribué à la mise en valeur du sol, et de n'accepter que les colons ayant toutes les chances possibles de réussite.

Il faut espérer qu'il n'en sera pas toujours ainsi, et que l'opinion publique, en France, saura juger avec plus de sang-froid les risques des entreprises coloniales ; mais, tant que l'éducation de cette opinion publique ne sera pas faite, il sera prudent d'organiser le mouvement de colonisation surtout en vue d'éviter les échecs autant que possible.

C'est dans cet ordre d'idées qu'a été conçu et suivi le programme de la colonisation de la Nouvelle-Calédonie.

Il s'est inspiré de la colonisation spontanée faite par les Français dans certaines contrées de l'Amérique du Sud.

Là, par l'initiative de quelques hommes résolus, tenaces, actifs, un premier noyau s'est formé. Puis, ce premier noyau s'est fortifié par le succès des premiers installés qui ont attiré leurs parents, leurs amis, et ainsi de suite jusqu'à donner naissance à de véritables colonies.

Le problème consiste donc à recruter dans les diverses provinces de France un certain nombre de familles de cultivateurs, autant que possible, ayant les ressources nécessaires ; à les installer dans les meilleures conditions de réussite, et, ayant fait prendre racine ainsi à un premier noyau de 500 familles françaises, à leur laisser le soin d'attirer leurs amis, leurs parents ; à laisser fonctionner, en un mot, l'auto-recrutement.

Et tout d'abord, il faut, en France, faire connaître la Calédonie. Pour cela, un seul moyen : imiter les Anglo-Saxons — multiplier la publicité ; organiser un Office de colonisation. *L'Union Coloniale Française* et le Comité Dupleix se sont donné, chacun avec des moyens d'action différents, cette noble tâche de réveiller chez les Français les instincts colonisateurs de la race, et de déterminer vers les colonies un mouvement d'émigration.

Des notices, contenant des renseignements précis, pratiques, aussi complets que possible, ont été édités et distribués largement par *l'Union Coloniale,* qui organisa en outre chez elle un bureau où toutes les personnes, chez qui la lecture des notices et des articles de journaux avait déterminé une velléité d'émigration, pouvaient recevoir des indications complémentaires tirées de la correspondance que *l'Union Coloniale* entretient avec les colons.

Ceux qui persistent dans leurs intentions sont adressés au ministère des colonies, où un bureau est spécialement chargé de l'envoi des colons.

Mais, avant de leur donner la réquisition de passage qui leur assure à eux et à leurs familles le transport gratuit jusqu'à Nouméa, le ministère s'assure qu'ils remplissent les conditions requises :

1° Un casier judiciaire intact de condamnations infamantes ;

2° Un minimum de ressources, qui est fixé à 5,000 francs pour les cultivateurs, et à 10,000 francs pour ceux qui ne le sont pas ;

3° Pour ceux qui n'ont pas ce petit capital, un contrat d'engagement de travail chez un colon déjà établi et reconnu capable de remplir ses engagements.

Ils s'embarquent. — Ils arrivent à Nouméa.

Dès que le paquebot a mouillé, un fonctionnaire du service de la colonisation se présente aux colons, et est spécialement chargé de les débrouiller. Ceux qui veulent épargner leurs ressources reçoivent l'hospitalité dans des bâtiments modestes, mais convenables, et ils n'ont à supporter que les dépenses de nourriture.

Mais ils n'ont pas longtemps à attendre à Nouméa.

Le jour même de leur arrivée s'ils en ont le temps, le lendemain au plus tard, ils sont reçus une première fois par le Gouverneur qui leur indique les centres de colonisation actuellement en voie de formation et où ils seront dirigés. Les colons lui font part des inquiétudes qui les assaillent, semées dans leur esprit par les adversaires de la colonisation, ou nées spontanément au moment où le rêve va faire place à la réalité. Une véritable conférence s'établit ainsi naturellement, au cours de laquelle les conseils pratiques et vécus ne sont pas épargnés. Après avoir reçu les colons tous ensemble, le Gouverneur les reçoit isolément et donne à chacun en particulier les avis que lui paraît comporter sa situation particulière.

Puis, l'*Union Agricole Calédonienne* a délégué un ou deux de ses membres qui se font les cicerones des nouveaux colons. Ils leur donnent des conseils au sujet de leurs achats, que l'administration est incompétente à leur fournir.

Enfin, alors que chacun a choisi la combinaison qui lui a paru la plus avantageuse, les colons sont transportés gratuitement jusqu'au centre choisi. Ils y sont reçus par le géomètre chargé du lotissement, qui leur désigne les concessions disponibles, et les aide dans leurs choix. Ils trouvent dans ces centres des cases rudimentaires qui sont mises gratuitement à leur disposition et qui leur permettent d'attendre, sans frais et à l'abri, la construction de leur maison.

Avec cette organisation, on le voit, le colon, depuis le jour où sa vocation s'est manifestée, jusqu'à celui où il est installé sur sa concession, est pour ainsi dire conduit par la main, et, à partir du moment où il s'embarque à Marseille, tout est combiné pour qu'il perde le moins de temps possible, et pour que son courage ne soit pas usé dans de longues attentes.

Les formalités sont réduites au strict nécessaire. Huit ou dix jours au plus tard après son arrivée dans la colonie, l'émigrant peut, s'il le veut, être installé sur sa terre, qu'il a librement choisie parmi celles qui sont disponibles.

Reste un point à discuter.

Pourquoi exige-t-on un capital minimum de 5,000 francs pour le cultivateur? et de 10,000 francs pour le citadin?

L'expérience a démontré que, lorsqu'on attirait dans une colonie des hommes dénués de ressources, beaucoup d'entre eux ne séjournaient sur leurs concessions que pendant la période des distributions de vivres; que la plupart s'habituaient à vivre des largesses administratives, et ne se mettaient pas à la besogne avec la vigueur voulue, et qu'ils se dispersaient aussitôt que les distributions cessaient. C'est ainsi que les anciens centres de colonisation ont été formés, et les dépenses ont été hors de proportion avec les résultats obtenus.

Un tiers seulement des colons installés dans ces conditions demeurait : ceux-là réussissant par leur énergie et leur travail. Mais les deux autres tiers, après avoir coûté très cher à la colonie, quittaient leurs concessions, et allaient traîner une vie misérable au chef-lieu ; quelques-uns obtenaient des rapatriements, et leur aspect, à leur retour au pays natal, n'était pas fait pour encourager leurs compatriotes à venir en Calédonie. Ceux qui ne rentraient pas en France écrivaient des lettres désespérées, et l'effet produit restait le même.

De sorte qu'avec ce système la colonie faisait des dépenses considérables, et s'assurait en récompense des récriminations et un mauvais renom injustifié.

Mais, le principe étant admis qu'il faut exiger des colons un minimum de ressources, pourquoi ce chiffre de 5,000 francs pour le cultivateur, et de 10,000 francs pour le citadin ? Et d'abord pourquoi cette différence ?

En principe, la colonisation agricole d'un pays neuf doit se faire au moyen de cultivateurs qui n'auront d'autre dépaysement que la différence du climat et des produits cultivés, mais qui n'auront pas, outre leur apprentissage de colon, à faire l'apprentissage de leur profession.

Et cela est tellement vrai qu'on ne connaît pas en Calédonie d'insuccès parmi les cultivateurs munis de ressources, économes, laborieux et sobres.

Mais la colonie n'avait pas le droit de repousser les bonnes volontés qui s'offraient à elle, en dehors des centres ruraux de la Métropole. Elle aurait perdu des forces précieuses et méconnu un des côtés les plus intéressants de la politique d'expansion coloniale de la France : offrir des débouchés nouveaux aux nombreux jeunes gens qui, redoutant l'encombrement des carrières dites libérales, se tournent avec raison vers les pays neufs dont la Patrie a agrandi son domaine, pour y chercher l'emploi de leur énergie et de leurs facultés.

Mais ici le problème se complique : si on peut affirmer hautement, et sans crainte d'erreur, qu'un cultivateur sobre et travailleur, possédant le minimum des ressources exigées, est assuré de réussir en Nouvelle-Calédonie, de s'y créer une situation aisée, il faut dire bien nettement aussi que, pour les colons non cultivateurs, la réussite est moins certaine.

Elle dépend surtout des qualités de caractère du colon. Un citadin ayant assez de ressources pour payer les expériences inévitables, ayant de la ténacité, une forte énergie, de la bonne humeur qui lui permettra de ne pas se laisser aller trop facilement au découragement, peut obtenir un succès aussi rapide et aussi complet que les colons ruraux. On pourrait en citer de nombreux exemples. Ces qualités morales lui sont seulement plus nécessaires encore qu'au rural qui se trouve tout de suite à l'aise, dès qu'il a pris contact avec les terres fertiles qui lui sont concédées.

Mais il est impossible de pénétrer le caractère du candidat colon, de sorte que le seul rôle du gouvernement local, dans l'organisation de son système de colonisation, devait être de chercher des conditions faciles à vérifier.

On a donc exigé pour le colon citadin un capital au moins double ou triple de celui demandé au cultivateur, afin de tenir compte des pertes que lui causera son inexpérience de la terre, et des dépenses qui lui seront imposées par ses habitudes antérieures de vie. Il est essentiel, d'ailleurs, que le citadin ait au moins le goût de la campagne, qu'il y ait vécu.

Quelques-uns de ceux qui sont venus en Calédonie avaient eu la précaution d'aller travailler dans une ferme en France, comme épreuve préalable. Ceux-là ont réussi — et cette précaution doit être recommandée.

Et maintenant, comment a-t-on déterminé ce chiffre de 5,000 francs?

On a d'abord cherché à combien était revenue à la colonie chacune des concessions mises en valeur d'un des centres colonisés par l'ancien système des distributions de vivres et de graines aux colons dénués de ressources, celui de Voh, par exemple.

Très peu des premiers colons s'y sont maintenus. Pour arriver à constituer les trente-cinq feux de ce centre, que le gouvernement local a pu doubler, sans presque de frais et en très peu de temps, avec le système que nous examinons dans cette notice, on a dû placer successivement sur un grand nombre de concessions plusieurs colons.

On a ainsi additionné les secours en vivres et en matériel. Dans ces conditions, chaque concession mise en valeur a coûté en moyenne, au budget local, un sacrifice de 2,500 francs.

L'étude à laquelle l'administration s'est livrée à cet égard a conduit à deux conclusions : 1° La certitude que le système de colonisation officielle avec secours aux colons était à la fois infructueux et terriblement onéreux ; 2° la certitude aussi qu'un petit capital dépensé avec intelligence et économie, suffisait à un colon travailleur pour arriver au beau résultat que montraient les colons de ce centre qui avaient persisté et réussi par leur labeur opiniâtre.

Et, pour fixer le chiffre minimum de ce petit capital, le gouvernement local s'adressa à plusieurs colons expérimentés, connaissant le pays de longue date, connaissant la culture, et, sans les mettre en relations entre eux, il leur demanda d'établir le compte minimum des dépenses à faire sur une concession de terre, avant d'avoir pu constituer une plantation de rapport. Et, pour plus de précision, il ne s'agissait pas de déterminer la somme à dépenser pour mettre en valeur un certain nombre d'hectares, mais de fixer le capital qui devait permettre au colon d'attendre que son travail ait mis sa concession en état de lui donner des revenus assurés.

Sans s'être entendus, ces hommes expérimentés sont arrivés au même chiffre, bien qu'ils aient examiné le problème chacun sous des aspects différents.

Ce chiffre était un peu inférieur à 5,000 francs.

Et l'expérience a aussi conclu en sa faveur. Beaucoup de colons, dans les nouveaux centres de Négropo et de Poueri-Houen, par exemple, arrivés en Calédonie depuis quatre ans, sont déjà en bonne situation, sans un sou de dettes, et n'avaient en débarquant que tout juste les 5,000 francs exigés.

Comment, s'ils sont sages, les colons emploieront-ils leur petit capital ?

Quand on l'a fixé à 5,000 francs, on n'a pas voulu dire que cette somme suffisait pour permettre de mettre en valeur la concession de 25 hectares, souvent doublée par l'acquisition d'un lot limitrophe d'égale étendue ; on a simplement voulu dire que ce pécule serait suffisant pour permettre à une famille de cultivateurs économes, sobres et travailleurs, d'attendre les premiers revenus assurés de leur propriété en partie mise en valeur.

Cela seul indique le programme qui doit être suivi par les colons.

Que, dès leur arrivée sur leur terrain, ils construisent une maison suffisamment confortable, mais modeste, ne dépassant pas le prix de 800 à 1,000 francs, et qu'ils fassent les dépenses nécessaires à l'établissement de leur petite ferme à la française, qui doit, s'ils connaissent leur métier, au bout d'un an, leur permettre de vivre entièrement de leurs fonds, eux et les auxiliaires qu'ils prendront.

Pendant ce temps, on a établi des pépinières de café et de caoutchouc de Céara, et, à loisir, on prépare le terrain destiné à ces cultures, mais sans se presser, et sans faire de dépenses exagérées.

Au bout de la première année, la vie matérielle assurée, on pourra planter graduellement, progressivement, les hectares destinés aux cultures riches, mais sans oublier qu'il est imprudent d'en mettre en valeur trop à la fois, car on risque, pour les entretenir, de s'imposer des dépenses au-dessus de ses forces. Le mieux est d'aller lentement jusqu'à ce que le revenu des premières récoltes soit venu augmenter les ressources.

Le même programme doit être suivi par le colon citadin ayant de 10 à 15,000 francs de capital.

Ceux qui ont suivi ce conseil, qui ont toujours gardé une réserve d'argent, de manière à ne jamais être obligés de recourir au crédit, ont pleinement réussi, sans passer par les angoisses de ceux qui, trop pressés, ont trop rapidement dépensé leur capital, et ont dû se faire ouvrir un compte chez un négociant de Nouméa.

Conserver toujours une réserve permettant de vendre ses produits où l'on veut, et au comptant, et d'acheter ce dont on a besoin, au comptant également ; c'est le secret d'un succès certain.

Beaucoup de colons se laissent entraîner à des dépenses exagérées, parce qu'ils sont séduits par la belle venue de leurs cafés et sont pris alors d'une sorte de frénésie de plantations. Ceux-là, s'ils sont très énergiques, peuvent réussir plus vite à s'enrichir, mais au prix de grandes inquiétudes, de grands risques.

Aussi ne pouvons-nous trop conseiller la sagesse du programme indiqué plus haut.

La hardiesse pourra croître, évidemment, en raison de l'importance des capitaux dont on dispose ; mais, d'une manière générale, on devra toujours se ménager d'abondantes réserves, et se donner comme règle absolue de ne pas recourir au crédit.

Le crédit agricole, dans un pays neuf où le taux de l'argent est élevé, est presque toujours ruineux. C'est l'idée dont les colons doivent se bien pénétrer.

Quant à la main-d'œuvre, les cultivateurs, venant en Calédonie avec leur famille, devront, autant que possible, se contenter de leurs bras ; sauf, pour certains travaux, et dans les moments de plus forte besogne, à demander à la tribu voisine des travailleurs auxiliaires qu'ils obtiendront au prix de 1 franc par jour et la nourriture.

Les indigènes ne louent pas volontiers leurs services pour une longue période; mais si on a su entretenir de bonnes relations avec la tribu, on obtient facilement quelques Canaques pour tel travail déterminé, et beaucoup de colons s'entendent même avec le chef de la tribu pour avoir constamment chez eux un certain nombre d'indigènes, ceux qui quittent le travail étant remplacés par d'autres.

On peut aussi leur demander, dans d'excellentes conditions, des travaux à forfait : le débroussage d'un terrain, la construction d'une case, l'établissement de barrières.

En somme, dans la plupart des centres récemment créés, les colons ont trouvé dans les tribus des travailleurs en nombre suffisant pour que beaucoup d'entre eux n'aient pas senti le besoin de rechercher de la main-d'œuvre asiatique ou océanienne immigrée.

Une main-d'œuvre à déconseiller est celle des libérés. Sauf quelques exceptions, ils doivent être éloignés de la famille du cultivateur, et il y a de grands inconvénients à leur laisser prendre dans la maison la situation qu'occuperait dans nos fermes de France l'ouvrier agricole. On peut les utiliser plus avantageusement en leur confiant des tâches à forfait, et cela convient mieux aussi à leur tempérament nomade, qui les empêche de se fixer longtemps à demeure.

Les colons qui disposent de plus de ressources, ou dont la famille n'est pas assez nombreuse pour les dispenser de prendre des auxiliaires fixes, peuvent trouver, soit des Néo-Hébridais, soit des Javanais, qui contracteront des engagements de trois ou de cinq ans, et qui leur reviendront à une moyenne de 500 francs par an (gages et nourriture compris). Ce sont d'assez bons travailleurs, dont on obtient beaucoup en les traitant avec un mélange de fermeté et de douceur.

En réalité, jusqu'à présent, la main-d'œuvre agricole n'a pas manqué ; et la preuve, c'est que les recruteurs de main-d'œuvre immigrée mettent toujours quelques semaines à placer leurs convois chez les colons.

IV

Colonisation industrielle. — Formation des centres miniers.

Le peuplement de l'île ne peut se faire entièrement par des agriculteurs.

En dehors des centres plus ou moins agglomérés qui se créeront successivement dans les vallées fertiles, en dehors des stations d'élevage qui, à mesure que celui-ci se pratiquera par une méthode plus intensive, occuperont d'une manière plus effective les vastes pâturages de l'île, des régions entières se composent de massifs montagneux qui renferment les incomparables richesses minières de l'île.

La colonisation ne sera complète qu'autant que ces régions auront donné naissance à des centres industriels formés par tous les ouvriers ou employés nécessaires pour l'exploitation des mines.

Bien que les mines soient depuis déjà assez longtemps exploitées en Calédonie, on ne compte guère que trois centres miniers constitués en groupes fixes. Et, encore, ces centres ne contiennent comme éléments de véritable colonisation qu'un assez petit nombre d'employés, de conducteurs de travaux qui servent de cadres au personnel assez hybride que composent les travailleurs des mines.

C'est qu'en effet, jusqu'à présent, l'industrie des mines n'avait pas trouvé une assiette assez solide, assez fixe pour faire autre chose que des improvisations.

Le nickel, qui est le principal minerai jusqu'ici exploité, se vendait assez cher, mais n'avait pas de marché étendu. Il était perpétuellement sous la menace d'une surproduction amenant des chômages plus ou moins prolongés.

C'était donc, en quelque sorte, une industrie intermittente qui ne permettait guère, à ceux qui l'exploitaient avec de grands risques, les installations définitives, les projets à longue portée qui seuls fondent des œuvres durables.

Mais une double révolution s'est opérée récemment dans cette industrie.

En même temps que les emplois du nickel se sont multipliés, surtout sous la forme d'alliages avec l'acier, ce qui lui assure un débouché presque illimité pour peu que ces alliages se généralisent, certains propriétaires de mines osèrent, avant même que cette extension de l'emploi du nickel fût chose assurée, outiller les régions minières qu'ils exploitaient des organes de la grande industrie : tramways, ateliers, etc., de telle sorte qu'ils purent travailler économiquement et supporter une baisse de prix considérable provenant de la lutte engagée avec le nickel du Canada. Cette baisse devait nécessairement se maintenir en contribuant d'ailleurs pour sa grande part à la généralisation de l'emploi du nickel.

En outre, les grands mineurs ont compris la nécessité de fonder auprès de leurs exploitations de hauts fourneaux leur permettant de traiter leurs minerais sur place, et de supprimer cette hérésie économique qui consiste à transporter à grands frais en Europe des minerais ne contenant que 7 à 8 p. 100 de matière utile. Les études pour ces installations se poursuivent à l'heure actuelle.

L'installation des hauts fourneaux, entre autres conséquences heureuses, permettra l'utilisation de nombreux minerais trop pauvres pour être transportés en Europe, mais assez riches pour être traités avantageusement sur place.

Et ainsi cessera un des plus grands obstacles à tout établissement durable et à longue échéance dans les régions exploitées.

Jusqu'ici, en effet, la nécessité d'écrémer les mines, pour ainsi dire, de ne prendre et de n'utiliser que les minerais contenant de 6 à 8 p. 100 au minimum de métal, obligeait les propriétaires des mines à déplacer souvent leurs chantiers. Une exploitation méthodique des gisements était, dans ces conditions, à peu près impossible.

Aussi les installations étaient-elles tout à fait rudimentaires; pour tout dire en un mot, les mineurs n'habitaient pas leurs mines; ils y campaient.

La révolution qui est en train de s'opérer dans cette industrie aura de grandes conséquences pour la colonisation.

Jusqu'ici, les conditions du travail des mines étaient telles qu'en dehors des employés et des conducteurs de travaux, trop peu nombreux pour former une véritable population agglomérée, il était impossible de songer à créer des centres miniers comparables à ceux qui exploitent les mines en France et en Europe, constitués avec des éléments stables, pouvant fonder des familles.

Aussi, la main-d'œuvre employée dans les mines se composait-elle, jusqu'ici, de condamnés en cours de peine, en exécution de contrats passés avec l'administration pénitentiaire; de libérés satisfaisant leurs goûts de vie nomade, en s'embauchant pour quelques jours dans une mine, et la quittant dès qu'ils ont gagné quelques salaires, — vagabondant jusqu'à épuisement de ces ressources, et recommençant dans d'autres mines. — Sauf quelques exceptions, les libérés forment ainsi une sorte de main-d'œuvre toujours renouvelée.

En outre, quelques exploitations ont constitué une partie de leur main-d'œuvre avec des Tonkinois, faisant en majorité partie d'un convoi recruté au pénitencier annamite de Poulo-Coudor.

Voilà quelle était, quelle est encore la masse des travailleurs des mines.

Les profonds changements apportés dans cette industrie vont avoir pour conséquence une modification radicale dans la composition de sa main-d'œuvre.

Une circonstance précipitera les évènements.

Les contrats par lesquels l'administration pénitentiaire avait cédé la main-d'œuvre pénale aux mines vont expirer très prochainement; ils ne seront pas renouvelés, et déjà ceux qui en sont les détenteurs s'inquiètent de remplacer cette main-d'œuvre.

Les nouvelles conditions faites à l'industrie des mines, qui viennent d'être expliquées, permettent de rechercher la main-d'œuvre qui a toujours été considérée comme la meilleure, et que, seule, la difficulté de l'obtenir avait fait écarter jusqu'ici. Je veux parler de la main-d'œuvre européenne, française, d'ouvriers français amenés en Calédonie.

Dès à présent, les mines paient 5 francs par jour les libérés qui s'embauchent. Le salaire est donc très sensiblement plus élevé que celui de la plupart des mineurs de France.

Les conditions plus stables de l'industrie permettant d'organiser des installations sérieuses ont amené quelques propriétaires de mines, et notamment la société *Le Nickel*, à se tourner résolument vers cette solution, la plus élégante, la meilleure à tous les points de vue, de la question de la main-d'œuvre des mines.

Le succès de la colonisation agricole, au surplus, indiquait suffisamment que ce n'était pas une utopie de croire qu'on pourrait faire naître et établir un courant régulier d'émigration de travailleurs français.

Le gouvernement local, consulté, encouragea de tout son pouvoir cette tentative, et il rechercha une combinaison qui lui permît d'aider effectivement à son succès.

La possession d'un petit lot de terre devait être un puissant stimulant pour les familles françaises disposées à émigrer en Nouvelle-Calédonie.

Le principe fut admis qu'un terrain serait promis à toute famille, ou à tout ouvrier qui viendrait en Calédonie, engagé par une société minière, ou par un propriétaire de mines présentant des conditions suffisantes de solvabilité.

Restait à trouver la combinaison qui permettrait le mieux de réaliser cette idée.

Il ne pouvait, en effet, être question d'appliquer à ces émigrants les règles fixées par l'article du 22 mars 1898, relatif aux concessions de terre accordées aux émigrants cultivateurs.

Ils ne se trouvent à aucun point de vue placés dans les mêmes conditions. Ils ne possèdent pas de ressources ; leur moyen d'existence consiste dans un contrat d'engagement avec le propriétaire de mines. Leur objet principal est de travailler aux mines ; ce n'est qu'accessoirement, et comme cela se pratique en France dans certaines régions minières, que le mineur et sa famille pourront s'occuper de leur petite ferme. Enfin, le centre à créer, surtout industriel, devra être plus aggloméré que les centres agricoles.

Après quelques tâtonnements, le gouvernement de la Calédonie s'est arrêté, de concert avec la société qui, la première, tenta cette colonisation industrielle, la Société *Le Nickel*, à la combinaison suivante :

L'expérience se faisant pour la première fois dans une vallée contenant, à côté des mines, des terrains fertiles en assez grande quantité, la Société *Le Nickel* a appliqué un système de colonisation mixte : industrielle pour le chef de la famille, agricole pour ses membres.

Aussi a-t-elle acquis, par voie d'adjudication, une partie de la vallée de Rouaoua dans ce but.

Mais Rouaoua n'est qu'une exception, car les mines sont généralement situées dans des régions peu fertiles où il est possible seulement de trouver le terrain nécessaire à l'habitation accompagnée d'une basse-cour et d'un assez grand jardin, mais où les vastes espaces cultivables font défaut.

Voici pour ces cas, qui seront de beaucoup les plus nombreux, comment le gouvernement a organisé la colonisation industrielle.

La lecture de l'arrêté ci-après, en date du 8 décembre, pris à ce sujet, dispense de tout commentaire. Il est, en effet, très clair et donne tous les renseignements utiles à cet égard :

ARRÊTÉ du 8 décembre 1899, *règlementant la colonisation industrielle.*

Vu le décret du 10 avril 1897 sur le Domaine de l'État en Nouvelle-Calédonie ;
Vu le décret organique du 12 décembre 1874 ;
Sur la proposition du Chef du Service du Domaine et de la Colonisation,
Le Conseil privé entendu,

Avons arrêté et arrêtons :

Article premier. — Des lots de village de quinze à vingt ares pourront, dans la mesure où le permettront les ressources du Domaine, être attribués gratuitement, par arrêté du Gouverneur, dans le voisinage des mines en exploitation, ou de tous autres établissements industriels, aux ouvriers et employés de provenance européenne qui justifieront d'un engagement contracté pour trois ans au moins avec les propriétaires ou exploitants de ces mines ou établissements industriels.

Art. 2. — La concession des lots de cette nature fera d'abord l'objet d'un titre provisoire. Elle sera accordée sous la condition, pour le bénéficiaire, de résider sur le lot concédé, d'y installer une maison, d'y aménager et entretenir un jardin.

Art. 3. — Des lots de pâturage seront, en outre, mis à la disposition en commun de tous les membres de chaque agglomération ouvrière.

La contenance de ces lots de pâturage, dont la jouissance sera indivise entre tous les habitants d'un même centre industriel, sera calculée, autant que possible, à raison de trois hectares pour chaque ouvrier attributaire d'un lot de village.

Art. 4. — Après trois ans de résidence, et, s'il a été satisfait aux conditions de l'article 2 ci-dessus, la concession provisoire sera de plein droit transformée en concession définitive. L'Administration devra délivrer le titre définitif dans les trois mois de la demande qui lui en sera faite.

Art. 5. — Par contre, la déchéance pourra être prononcée par le Gouverneur en Conseil Privé, contre tout ouvrier concessionnaire qui n'aura pas pris possession de son lot dans les six mois de la délivrance du titre provisoire, ou qui s'en absentera pendant plus d'un an sans l'autorisation du Service de la Colonisation ou qui ne remplira pas les conditions de l'article 2 ci-dessus.

Art. 6. — A l'expiration de leur engagement avec les entreprises minières ou les établissements industriels, les ouvriers qui ne le renouvelleront pas pourront, s'ils justifient de ressources suffisantes, obtenir à titre gratuit, dans les centres de colonisation libre et aux conditions de l'arrêté du 22 mars 1898, des lots de culture de dix à vingt-cinq hectares.

Art. 7. — Le présent arrêté sera inséré au journal et au Bulletin officiels de la Colonie.

Le Chef du Service du Domaine et de la Colonisation est chargé de son exécution.

Nouméa, le 8 décembre 1899.

Signé : P. Feillet.

Par le Gouverneur :

*Le Chef du Service du Domaine
et de la Colonisation :*

Signé : Coulombeix.

En outre, l'Administration, d'accord avec l'*Union Agricole Calédonienne*, a créé l'organe indispensable de cette colonisation : l' « Office du Travail ».

Ici encore il suffit de citer les textes :

Délibération de l'Union Agricole Calédonienne, instituant un Office du Travail destiné à servir d'intermédiaire entre l'offre et la demande du travail en Nouvelle-Calédonie et fonctionnant sous le contrôle de l'Administration supérieure de la Colonie.

L'UNION AGRICOLE CALÉDONIENNE

Décide :

Article premier. — Il est créé en Nouvelle-Calédonie un Office du Travail, destiné à servir d'intermédaire, sans responsabilité aucune, entre les patrons et ouvriers, employeurs et employés, et, plus généralement, à recueillir et publier toutes les informations concernant le Travail.

Art. 2. — Cet Office est rattaché à l'Union Agricole Calédonienne, dont il forme un Service annexe permanent et fonctionnant dans le même local.

Il est dirigé par le Président de cette Société avec le concours, demandé à l'Administration, d'un commis du Secrétariat Général, détaché à cet effet à titre permanent.

Art. 3. — L'Office du Travail sera placé sous le contrôle permanent de l'Administration supérieure de la Colonie, représentée, d'une part, par le Chef du « Service du Domaine de l'État et de la Colonisation », et, d'autre part, par le Chef du « Service des Affaires Administratives et Commerciales ».

Art. 4. — L'Office du Travail se met en relation directe avec tout établissement public ou privé, créé ou à créer, pour servir d'intermédiaire entre l'employeur et l'employé.

Art. 5. — L'Office du Travail recevra, à Nouméa, les ouvriers arrivants, et les mettra en relations directes avec tous les employeurs demandeurs. Il leur assurera l'existence matérielle, dans la limite de quinze jours, sous condition de remboursement ultérieur, en attendant qu'ils aient fait choix d'un employeur.

Art. 6. — L'Union Agricole publie par tous les moyens à sa disposition, au moins par l'insertion dans son bulletin mensuel, les renseignements recueillis et élaborés par l'Office du Travail.

Le Président,
Signé : Deligny.

Le Secrétaire,
Signé : Délémontey.

Nouméa, le 7 décembre 1899.

ARRÊTÉ N° 1194 : *Institution d'un Office du Travail en Nouvelle-Calédonie.*

Vu la délibération de l'*Union Agricole Calédonienne*, en date du 7 décembre 1899, instituant un Office du Travail destiné à servir d'intermédiaire entre l'offre et la demande du travail en Nouvelle-Calédonie, et fonctionnant sous le contrôle de l'Administration supérieure de la Colonie ;

Considérant qu'il importe de faciliter autant que possible l'introduction de travailleurs dans la Colonie, pour répondre aux besoins urgents de la main-d'œuvre tant industrielle et commerciale qu'agricole ;

Vu le décret organique du 12 décembre 1874,

Le Conseil privé entendu,

ARRÊTE :

ARTICLE PREMIER. — La délibération sus-visée de l'Union Agricole Calédonienne est approuvée.

ART. 2. — Le Chef du Service du Domaine de l'État et de la Colonisation, en ce qui concerne la main-d'œuvre agricole, d'une part, et le Chef du Service des Affaires Administratives et Commerciales, pour ce qui regarde la main-d'œuvre industrielle et commerciale, d'autre part, ont qualité pour se faire communiquer, lorsqu'ils le jugeront utile, tous les registres et dossiers quelconques de l'Office du Travail, et notamment les registres de correspondance.

S'il survient une difficulté dans l'exercice du contrôle par les fonctionnaires compétents, elle sera tranchée par le Gouverneur.

ART. 3. — Le Chef du Service du Domaine et de la Colonisation et le Chef du Service des Affaires Administratives et Commerciales sont chargés, chacun en ce qui le concerne, de l'exécution du présent arrêté, qui sera communiqué et enregistré partout où besoin sera et inséré au journal et au bulletin officiels de la colonie.

Nouméa, le 8 décembre 1899.

Signé : P. FEILLET.

Par le Gouverneur :

*Le Chef du Service
du Domaine de l'État,*
Signé : COULOMBEIX.

*Le Chef du Service
des Affaires Administratives
et Commerciales,*
Signé : GÉLOT.

V

Outillage économique. — Ports. — Ligne de navigation côtière et de long cours. — Voies de communication intérieure : routes et chemin de fer. — Conclusion.

La Nouvelle-Calédonie est arrivée au degré de prospérité déjà remarquable où nous la voyons ; elle a affirmé sa vitalité et ses ressources naturelles, bien que n'ayant à sa disposition qu'un outillage économique rudimentaire.

Reliée avec le monde civilisé par une ligne de grands paquebots ; dotée de ports naturels à peine aménagés ; desservie entre son chef-lieu et les diverses localités de l'intérieur par une ligne de caboteurs-côtiers, qui, deux fois par mois, parcourent les deux côtes ; possédant un réseau de routes tout à fait insuffisant ; telle est sa situation actuelle à cet égard.

Il est indispensable de favoriser le rapide développement de la colonie, de rendre facile la mise en valeur de ses merveilleuses richesses.

Tout l'effort du gouvernement local est tendu vers la réalisation d'un programme qui permettra à la colonie de prendre définitivement son essor. La somme des résultats déjà obtenus, malgré le défaut d'outillage, autorise à affirmer que ces espérances sont de véritables certitudes.

La colonie possède plusieurs beaux ports naturels.

Le plus beau est certainement celui de Nouméa.

Admirablement protégé contre tous les vents ; doté de deux passes ; très vaste. Mais la nature a tout fait, sauf 346 mètres de quai.

Il est nécessaire de l'outiller ; de l'approprier aux exigences de la navigation moderne.

Les travaux qu'il est indispensable d'exécuter à cet effet sont :

1° Un bassin de radoub avec ses ateliers de réparation des navires.

Si on veut donner rapidement au mouvement maritime du port de Nouméa l'extension que sa situation géographique et les richesses de l'île comportent, il est nécessaire de fournir, aux nombreux navires qui le fréquenteront, la sécurité qui résulte pour eux de la facilité de les réparer.

Ici l'intérêt économique concorde avec l'intérêt stratégique.

La situation géographique de Nouméa, qui en fera quand on voudra l'entrepôt commercial de la Polynésie, bien plus naturellement que Sydney, en fait aussi un point stratégique de premier ordre. Aussi la Nouvelle-Calédonie a-t-elle été classée parmi les points d'appui de la flotte. A ce point de vue également, la construction d'un bassin de radoub s'impose. Ce travail n'est donc pas seulement d'intérêt colonial, mais national ;

2° Un warf avec magasin.

Jusqu'ici, les navires d'un faible tirant d'eau, seuls, peuvent accoster au quai. Il en résulte que le chargement et le déchargement des grands navires ne peut se faire qu'au moyen d'un chalandage onéreux et plein de risques.

D'autre part, le chemin de fer projeté doit avoir comme point d'aboutissement une gare maritime, dont ce warf sera le prolongement naturel.

Ainsi, par la combinaison du warf avec la voie ferrée, les marchandises subiront le moins de manipulations qu'il sera possible, partant, seront grevées de moindres frais, avant d'être portées à la disposition des colons qui auront les mêmes facilités pour l'embarquement de leurs produits ;

3° En outre, afin de mieux aménager les fonds de la rade, et surtout d'éviter le comblement progressif, il devient nécessaire de doter le port d'une grande drague avec ses accessoires.

Tels sont les travaux de première urgence dont l'exécution ne saurait tarder, et qui feront de Nouméa un des plus beaux ports du Pacifique.

Les conséquences économiques en sont difficilement calculables, mais on peut déjà indiquer celles-ci :

Nouméa, qui est déjà le point terminus de la ligne des Messageries maritimes qui dessert l'Australie, deviendra tout naturellement tête de ligne, c'est-à-dire que les grands paquebots qui ne considèrent Nouméa que comme une annexe de leur ligne et qui n'y font qu'un court séjour, pressés de retourner à Sydney afin d'y faire à loisir toutes les réparations qu'exige souvent un aussi long parcours à grande vitesse, prendront désormais Nouméa comme véritable point d'aboutissement de leur ligne, et y feront le séjour nécessaire à ces réparations ; d'où une grande facilité pour le commerce.

D'autre part, Nouméa deviendra le port de relâche et de ravitaillement tout indiqué pour les navires de plus en plus nombreux qui naviguent dans les archipels voisins.

Enfin, le trafic entre la France et la colonie augmente dans de grandes proportions, et les Messageries maritimes sont souvent impuissantes à le desservir à elles seules ; d'autant plus que leurs grands paquebots-poste sont obligés de faire payer leur fret trop cher pour les marchandises lourdes et encombrantes.

La prospérité de la colonie augmentant, les Messageries trouveront de plus en plus un chargement suffisant dans les marchandises délicates et peu encombrantes qui prendront toujours plus volontiers une voie rapide et régulière. Une place sera donc facilement assurée à des lignes de grands cargo-boats qui desserviraient la Nouvelle-Calédonie.

Les travaux du port leur donneront une sécurité qui hâtera leur venue. Déjà, une ligne de grands voiliers, venant directement et régulièrement du Havre à Nouméa, semble s'établir avec profit.

Enfin, la construction du bassin de radoub rendra facile la rapide réalisation du programme stratégique de la Métropole en ce qui concerne l'institution de Nouméa comme point d'appui de la flotte. Indépendamment de l'intérêt national qui sera plus vite satisfait, en ce qui concerne l'intérêt de la colonie, son chef-lieu en tirera un nouvel élément de vie et d'activité qui rejaillira sur le pays tout entier.

En outre, les conditions du cabotage côtier doivent être améliorées. Le grand point est de rendre plus faciles l'embarquement et le débarquement des marchandises.

A cet effet, le programme prévoit l'achat d'une petite drague qui aura pour mission d'améliorer les embouchures des rivières. D'autre part, il sera nécessaire de construire à chaque escale, où la nécessité s'en fera sentir, de petits warfs avec magasins pour donner, aux manutentions des marchandises importées et des produits exportés, la sécurité et la rapidité qui leur manquent parfois aujourd'hui.

Tous ces travaux (bassin de radoub, le grand warf, et l'achat des dragues) ne sont pas à l'état de simples vœux ; leur exécution est prochaine. Ils font, en effet, partie d'un programme adopté par le Conseil Général d'un commun accord avec le gouvernement local, et pourront être réalisés au moyen d'un emprunt qui est actuellement en voie de négociation à Paris.

Quant aux travaux d'amélioration des escales, à la construction des petits warfs et magasins, leur faible importance permettra de les comprendre successivement dans les travaux neufs du budget ordinaire.

Les communications maritimes ainsi assurées, il reste à se préoccuper des communications terrestres sans lesquelles les premières ne pourraient se développer faute de fret.

A l'heure actuelle la colonie possède une route carrossable de Nouméa à Moindou, qui pourra prochainement être continuée, à peu de frais, jusqu'à Bourail, en raccordant la route de Moindou à celle de la Boghen. En outre, il faut citer la route du pont des Français à la Coulée, en tout 180 kilomètres. Cela ne veut pas dire qu'il n'y ait que ces routes où puissent passer les voitures ; mais ce sont les seules qui soient empierrées de manière à permettre la circulation rapide de toutes les voitures.

La circulation autour de l'île est assurée, en outre, par un sentier muletier assez bien tracé et qui donne aux cavaliers un passage presque partout assez facile.

Des sentiers muletiers permettent également à des cavaliers de suivre les vallées transversales de l'île entre Thio et Bouloupari ; entre Canala et La Foa ; entre Houaïlou et Bourail ; entre Oubatchi et Koumac. Partout ailleurs, les traversées d'un côté à l'autre ne sont desservies que par de simples pistes mal tracées.

Enfin l'exécution du programme de colonisation a fait ouvrir de nombreuses voies. Elles sont de deux sortes : le type habituel consiste dans les routes charretières tracées dans des conditions de pente en général bien étudiées et qui permettent le passage facile de lourdes et solides charrettes, ou, au contraire, de voitures peu suspendues et légères, telles que les voitures du genre américain. Dans certains cas, et pour parer au plus pressé, on se contente d'ouvrir des voies étroites ne pouvant être utilisées pour le moment que par les cavaliers et les animaux de bât, mais tracées en suivant des pentes telles que ces voies puissent être transformées en routes charretières par simple élargissement ; de même, les routes charretières sont tracées de telle manière qu'elles pourront être transformées en routes carrossables pour toutes voitures, par un simple empierrement, et avec fort peu de rectifications.

Par cette méthode, on peut exactement proportionner l'effort au résultat cherché ; et on ménage les ressources de la colonie, tout en rendant faciles les progrès ultérieurs. Il a été construit, dans ces conditions, près de 200 kilomètres de routes charretières et 70 kilomètres de voies étroites.

Le programme de colonisation consistant à ouvrir les vallées transversales des deux côtes et de les faire rejoindre, son exécution entraînera rapidement la construction de routes nombreuses sillonnant le noyau de l'île, les régions souvent les plus riches.

Dès à présent, des routes transversales, partant des embouchures des rivières et remontant dans les vallées jusqu'au point où la colonisation en est arrivée, forment sur chaque côté d'importantes sections des voies carrossables qui prochainement feront rejoindre les deux côtes.

En outre, dans la partie montagneuse, il faut, pour utiliser les terrains, multiplier les routes. De telle sorte qu'on peut affirmer que, dans un temps relativement court, les communications seront multipliées ; ce seront, il est vrai, des routes un peu rudimentaires, empierrées seulement dans les mauvais passages ; mais il ne faut pas oublier que c'est déjà un effort considérable et un résultat remarquable, puisqu'en somme ce réseau de viabilité aura été fait sans rien coûter aux contribuables. En effet, il est entièrement payé par le budget spécial de la colonisation, qui lui-même n'est alimenté que par les produits du domaine.

En réalité, dans toutes les régions ouvertes à la colonisation, et au fur et à mesure que celle-ci gagne du terrain, la circulation est assurée, et c'est l'essentiel, pour l'heure actuelle. Lorsque la colonie se sera enrichie par son peuplement même, il lui sera facile d'améliorer ces routes et d'en faire successivement de véritables routes carrossables pour tous véhicules.

Mais à ce moment ce ne sont pas seulement des routes qui sillonneront l'île entière, mais aussi des voies ferrées. Dès à présent les routes actuellement en construction peuvent très utilement servir d'affluents à la ligne de chemin de fer projetée.

La construction d'un chemin de fer, dans une île qui peut naturellement être desservie par la voie de mer, soulève toujours des objections. De sorte qu'il me parait utile de donner sur ce projet de chemin de fer quelques explications détaillées. Je les trouve dans l'extrait de ce discours au Conseil Général, dans lequel j'ai exposé la question de l'emprunt de la Colonie :

« La Commission des travaux vous propose d'affecter 5 millions à la construction du premier tronçon d'une ligne de chemin de fer de Nouméa à Bourail ; cette ligne devant elle-même être continuée jusque vers le nord de l'île.

« J'abuserais de votre patience si j'examinais, dans ce discours, les divers problèmes que soulève cette grave affaire de l'établissement d'une voie ferrée en Calédonie.

« Je veux seulement me limiter aux deux points qui m'ont paru essentiels : répondre à l'objection fondamentale tirée des facilités que nous offre pour le transport de nos produits la mer intérieure formée autour de l'île par la ceinture de récifs ; examiner si le premier tronçon, que l'on peut construire avec ces 5 millions, rendrait à lui seul les services qui lui assureront une exploitation suffisamment fructueuse.

« Comment songer à établir un chemin de fer dans une île longue de 400 kilomètres, et d'une largeur moyenne de 50 kilomètres, entourée d'une mer garantie des grandes houles par une ceinture de récifs ? Dans de telles conditions naturelles, la voie de mer ne sera-t-elle pas toujours la meilleure, la moins coûteuse et la plus pratique ?

« Certes, il ne faut pas méconnaître les avantages que nous ont donnés la configuration de nos côtes, ainsi que la mer clémente qui les baigne. C'est grâce à ces avantages que le pays a jusqu'ici pu se développer malgré l'absence de grandes voies de communications.

« Mais il faut voir les choses de près et se rendre compte de la réalité des faits.

« Tout d'abord, cette mer intérieure est parsemée de hauts fonds, surtout aux approches des terres ; le plus souvent, elle ne peut être utilisée que par des navires d'un très faible tirant d'eau et presque toujours l'atterrissage ne peut se faire qu'au moyen de chalands. Il ne s'agit donc pas d'une côte accore et facilement abordable, mais en réalité d'une suite de baies parsemées d'écueils et manquant de fond. En réalité, les navires d'un tonnage seulement moyen sont à chaque instant obligés de sortir des passes, et, sauf sur certains points privilégiés où de simples wharfs d'une faible portée permettraient l'accostage, ils ne communiquent avec la terre que par un chalandage onéreux et incommode. De sorte qu'une grande quantité de produits ne peuvent être expédiés, leur valeur n'étant pas assez élevée pour supporter les gros frais d'embarquement.

« En outre, les richesses de la côte ouest sont en général exploitées assez loin de la mer, et plutôt dans le voisinage des massifs du centre de l'île. Il faut estimer en général à une vingtaine de kilomètres la distance qui sépare leur lieu de production du rivage de la mer.

« Pour résoudre la question des transports, nous sommes donc en présence de deux systèmes : 1° Faire une série de voies ferrées perpendiculaires à la côte, et les faire aboutir à des points d'embarquement suffisamment outillés pour permettre l'accostage; 2° Construire aussi près que possible du centre de l'île, à proximité par conséquent des belles régions de terres à culture et des massifs miniers, une ligne qui drainerait les divers produits jusqu'à Nouméa, port outillé pour le commerce extérieur.

« A mon avis, il faut combiner les deux systèmes : Là où les conditions d'embarquement sont avantageuses, où à peu de frais on peut rendre utilisables à la grande navigation les ports naturels de la côte, on peut, pour le moment tout au moins, se contenter des voies ferrées perpendiculaires; et, comme l'effort, dans ce cas, n'est pas très considérable pour chacun de ces points, l'initiative privée s'en chargera, comme nous l'avons vu réaliser à Népoui, comme on le projette à Bourail.

« Partout ailleurs, il faut adopter la voie parallèle à la mer, drainant jusqu'à Nouméa les produits que l'initiative privée lui apportera, quand cela en vaudra la peine, par de petites lignes de raccord.

« Or, c'est la situation de notre côte entre Nouméa et Bourail. L'aménagement de la rade de Téremba, à laquelle on avait songé pour en faire le port de toute la région située entre Bourail et Bouloupari, entrainerait à des travaux considérables comme la digue reliant la terre ferme à l'îlot Téremba, seul point d'accostage des navires, et coûterait plus cher que la voie ferrée longitudinale. Cette partie de nos côtes ne pourra jamais être desservie que par un petit cabotage insuffisant et en somme très onéreux. Vous trouverez à cet égard des renseignements tout à fait intéressants, et qui achèveront de former votre conviction, dans des rapports fournis par M. le Chef du Service des Ponts et Chaussées, qui compare, pour chacune des localités, le prix des transports tels qu'ils se font actuellement avec le cabotage, et tels qu'ils s'opèreront avec la voie ferrée projetée.

« C'est ainsi que disparait l'objection habituellement faite contre l'établissement du chemin de fer de Nouméa à Bourail, et que l'étude attentive de cette question pénètre de plus en plus l'esprit de la conviction que, seule, une voie ferrée donnera satisfaction au besoin de communications faciles et peu coûteuses auquel ce pays n'échappe pas plus qu'aucun autre.

« Mais le trafic sera-t-il suffisant sur cette ligne pour assurer la vitalité de l'entreprise? Le premier tronçon qui pourra être construit avec les 5 millions qui lui sont consacrés sur les fonds de l'emprunt donnera-t-il lieu à une exploitation suffisamment fructueuse?

« Les renseignements contenus dans les divers rapports de M. le Chef du Service des Ponts et Chaussées répondent sur ce point avec une précision à laquelle je ne saurais prétendre, à moins d'entrer dans des chiffres qui ne sont pas ici à leur place; mais il suffit de se rendre compte que, dès que la voie ferrée arrive à la Dumbéa, elle ne quitte plus, pour ainsi dire, les importantes stations de bétail, les centres de culture maraîchère que pour traverser des massifs miniers : houille, nickel, chrome, d'une grande richesse, et qui ne restent inexploités que faute de communications; il suffit de citer les massifs de Nondoué, du Mont Mou, de la Tontouta, pour se convaincre que, dès son ouverture, cette ligne aura à faire face à un trafic très important et amènera à Nouméa de nombreux et riches minerais, sans parler du bétail, des vivres de toute sorte qui sont nécessaires à la consommation d'une ville déjà importante; sans parler aussi du mouvement des voyageurs qui dès le début sera considérable et qui augmentera rapidement avec la population.

« D'ailleurs, il n'est pas nécessaire, pour justifier l'établissement d'une voie ferrée, de démontrer que son exploitation laissera dès le début des bénéfices. Il suffit qu'elle couvre ses frais, et les avantages économiques résultant du chemin de fer suffisent largement à récompenser pour la collectivité les sacrifices consentis pour sa construction.

« Je suis convaincu qu'une étude approfondie de cette question vous rassurera entièrement à cet égard.

« Tel est, dans son ensemble, le programme des travaux qui est soumis à vos délibérations.

« Leur utilité incontestable, ainsi que la prudence de la politique financière qui rend possible leur exécution, satisferont, j'en suis sûr, à la fois, votre ferme résolution de ne pas lancer le pays dans des aventures, et votre volonté de lui imprimer une énergique impulsion. »

Jouissant d'un merveilleux climat, admirablement arrosée, riche de terres fertiles alternant avec des massifs miniers qui font de la Calédonie, dans certaines parties, de véritables blocs de fer, de nickel et de cuivre, pour ne parler que des principaux minerais, la Nouvelle-Calédonie est peut-être une des plus belles possessions, non par son étendue mais par sa richesse, de notre empire colonial.

Malheureusement, une erreur initiale grave, le bagne, installé dans cette île faite pour de braves gens, a d'autant plus retardé la mise en valeur de ce beau pays qu'il n'a pas fait pardonner sa présence par les travaux qu'on aurait pu attendre de lui.

La Métropole, mieux éclairée, s'est enfin décidée, depuis

quelques années, à y opérer la liquidation de la transportation. Celle-ci doit donc disparaître assez prochainement.

La colonisation familiale, pour qui cette île semble créée, peut donc sans crainte s'emparer de cette terre qu'elle transformera en peu de temps, si la Métropole veut bien l'aider de son crédit. La Nouvelle-Calédonie ne demande pas de subvention à la Mère-Patrie. Non seulement dès à présent elle paie entièrement les dépenses qui ne sont pas de souveraineté, mais elle est une des colonies qui pourront le plus rapidement décharger la Métropole de toutes dépenses, en dehors de celles qui y seront faites réellement dans l'intérêt national et non colonial.

Que la France veuille bien, malgré son extrême éloignement et la médiocrité de son étendue, lui apporter une bienveillante attention ; que ses capitalistes cessent de lui témoigner une injuste indifférence, au grand profit des Anglais qui y recherchent et y trouvent de plus en plus de bons placements ; que la Métropole ait enfin en elle la confiance qu'elle mérite, et veuille bien lui fournir à titre de prêt, à un taux raisonnable, les quelques millions qui lui sont nécessaires pour s'outiller, et je ne crois pas m'avancer imprudemment en déclarant que, dans dix ans seulement, la Nouvelle-Calédonie jouira d'une prospérité presque sans exemple dans notre histoire coloniale, et qu'elle paiera largement la clairvoyance et la bienveillance de ceux qui auront eu foi en son avenir.

PIÈCES ANNEXES

ARRÊTÉ : *Promulgation du décret du 10 avril 1897 sur le Domaine de l'État en Nouvelle-Calédonie.*

(Du 9 juin 1897).

Nous, Gouverneur de la Nouvelle-Calédonie et Dépendances, Chevalier de la Légion d'Honneur, Officier d'Académie,

Vu la dépêche ministérielle en date du 24 avril dernier ;
Vu le décret organique du 12 décembre 1874 ;
Sur la proposition du Directeur de l'Intérieur,

Avons arrêté et arrêtons :

Article premier. — Est promulgué dans la colonie, pour être exécuté selon sa forme et teneur, le décret du 10 avril 1897 sur le domaine de l'État en Nouvelle-Calédonie.

Art. 2. — Le Directeur de l'Intérieur est chargé de l'exécution du présent arrêté qui sera communiqué et enregistré partout où besoin sera et inséré au *Journal* et au *Bulletin officiels*.

Nouméa, le 9 juin 1897.

P. FEILLET.

Par le Gouverneur :
Le Directeur de l'Intérieur,
A. MARTINEAU.

RAPPORT

AU PRÉSIDENT DE LA RÉPUBLIQUE FRANÇAISE

Paris, le 10 avril 1897.

« Monsieur le Président,

« Le mouvement d'immigration et de colonisation agricole qui s'accentue en Nouvelle-Calédonie et tend à une mise en valeur progressive des terres de cette colonie exige une réglementation précise et définitive du régime domanial. Il est indispensable, en effet, qu'aucune discussion sur l'origine de sa propriété ne vienne troubler la sécurité du colon.

« Les locations avec promesses de vente auxquelles on se trouve jusqu'ici réduit ne sauraient l'attacher suffisamment au sol. Nous nous sommes préoccupés de mettre fin à cette situation précaire en déterminant non seulement à qui appartiennent, en Nouvelle-Calédonie, les terres libres et sans maîtres, quelle autorité pourra en disposer et à qui devront en revenir les produits, mais encore, dans leurs grandes lignes, les formes de cette disposition et le mode de gestion financière de ces produits.

« Tel est le but du décret que nous avons l'honneur de soumettre à votre signature, et dont le projet a été élaboré par une commission composée, sous la présidence de M. le sénateur Barbey, de membres du Parlement, de jurisconsultes et de membres des administrations des finances et des colonies.

« La déclaration de prise de possession de la Nouvelle-Calédonie, au nom de la France, le 20 janvier 1855, par le Gouvernement des établissements français de l'Océanie, a créé au profit de l'État, sur le sol de cette colonie, un droit fondamental et souverain, « le plus parfait de tous, disait la loi de 1790, puisqu'il n'existe aucune autorité supérieure qui puisse le modifier ou le restreindre ». Il importe donc peu que la contradiction apparente de certains textes ait pu paraître constituer à la colonie des titres contre ce droit. Aussi un décret du 16 août 1884 avait-il déjà constitué légalement le domaine de la colonisation pénale, et des inscriptions de recettes ont été faites au budget de l'État sur les produits du Domaine en Nouvelle-Calédonie.

« Ces produits, pas plus que le domaine lui-même, ne doivent être abandonnés par l'État et ils seront directement gérés, sous l'autorité du Gouverneur, par un fonctionnaire de l'administration métropolitaine de l'enregistrement et des domaines. Mais la commission a estimé, et nous partageons son avis, que leur affectation à une œuvre intéressant à la fois la Métropole et la colonie, telle que la colonisation, est entièrement justifiée tant que celle-ci n'a pas encore atteint tout le développement désirable. Il n'y aurait, dès lors, lieu de maintenir l'inscription d'une partie de ces produits au budget de l'État qu'à titre de réserve de principe et comme affirmation d'un droit de propriété que, d'ailleurs, le projet qui vous est soumis consacre définitivement.

« Les produits de terrains non compris dans les réserves des indigènes ni attribués à un service public resteront donc affectés à une œuvre de colonisation poursuivie, non pas au hasard, mais d'après un plan d'ensemble. Cette œuvre est complexe. Elle touche à la fois aux intérêts économiques et sociaux de la Métropole, dont le ministre est le gardien ; à l'existence actuelle de la société coloniale déjà formée, représentée par le conseil général ; à l'avenir de cette société dans une évolution d'autant plus rapide qu'il s'agit d'un pays neuf. C'est le Gouverneur qui peut, avec le plus de clairvoyance et sur place, prévoir et ménager cet avenir.

« A chacun de ces divers éléments, le projet fait sa place et sa part. Le gouverneur, aidé de l'expérience de son Conseil privé, évaluera chaque année les prévisions de recettes provenant des aliénations, locations ou autres modes d'exploitation du domaine. Il préparera, dans la limite de ces prévisions, le budget annuel des dépenses de colonisation ou destinées à favoriser le développement de l'immigration. L'ensemble de ce projet sera soumis aux délibérations du Conseil général qu'il importe d'intéresser de la façon la plus libérale et la plus décentralisatrice à tout ce qui concerne la colonie. Enfin, il ne sera exécuté que sur l'approbation du ministre.

« Il a été possible d'éviter la création d'un budget spécial en exprimant dans le budget local même, communiqué chaque année au Parlement et à la Cour des comptes, ces différentes opérations financières. Les produits domaniaux formeront un article de recettes. Les dépenses de colonisation corrélatives seront inscrites, dans la limite de ces recettes, aux dépenses obligatoires. Un compte spécial sera ouvert à la Caisse de réserve de la colonie pour l'encaissement des reliquats ou leur report.

« Les actes des aliénations ou locations domaniales qui alimenteront ce budget seront dressés par le fonctionnaire de l'enregistrement et des domaines préposé au Domaine de l'État, et passés par le Gouverneur en Conseil privé. L'adjudication aux enchères publiques est de règle. Des exceptions ne sont apportées à ce principe que pour les concessions gratuites d'une superficie maxima de 25 hectares, destinées à encourager la petite colonisation, et, à un autre point de vue, pour les concessions domaniales qui auraient pour objet de rémunérer l'exécution de travaux publics d'intérêt général, constructions de chemins de fer, routes, ports, etc. Dans ce cas, ces concessions ne deviennent définitives qu'après approbation par décret en Conseil d'État.

« La commission a recherché, dans une discussion étendue, si ce système, en ce qu'il organise une affectation particulière des produits des biens de l'État dans une colonie régie par décrets, devait être consacré par une loi ou pouvait l'être par un décret. Il lui a paru, comme précédemment au Comité consultatif du contentieux des colonies, et contrairement à l'opinion émise par une commission antérieure, qu'aucune restriction n'a été apportée, en matière domaniale, à l'article 18 du sénatus-consulte du 3 mai 1854 qui accorde au chef de l'État le pouvoir de légiférer en ce qui concerne le groupe de colonies dont fait partie la Nouvelle-Calédonie. Elle a fait observer, en outre, que l'acte élaboré par elle, loin d'opérer la cession d'une partie quelconque du domaine, proclame nettement le droit de propriété de l'État.

« Quant à l'affectation spéciale des produits du Domaine, elle laisse entièrement intacts les droits du Parlement, puisque cette affectation ne portera jamais que sur la quotité laissée disponible après que les recettes inscrites, le cas échéant, dans la loi annuelle des finances auraient été encaissées par l'Etat. D'ailleurs, ainsi que l'indique l'article 1er, c'est simplement à titre de subvention au budget local et pour une période de dix ans que l'attribution de ces ressources aux dépenses de la colonisation en Nouvelle-Calédonie est autorisée par le décret.

« Jusqu'ici, en dehors du chiffre porté au budget pour ces recettes, abaissé depuis 1889 à 10,000 francs et d'ailleurs payé irrégulièrement, la colonie était restée entièrement maîtresse de disposer comme elle l'entendrait du surplus des produits du domaine. L'emploi exclusif à la colonisation, le contrôle rigoureux par l'État qui en sera fait dorénavant, réalisent donc un incontestable progrès d'ordre et de régularité, en même temps qu'ils ouvrent à l'initiative et au travail des colons un champ bien préparé, favorable et sûr.

« C'est dans ces conditions, Monsieur le Président, que nous avons l'honneur de vous prier de vouloir bien revêtir le présent décret de votre signature.

« Veuillez agréer, Monsieur le Président, l'hommage de notre profond respect.

« *Le Ministre des Finances,*
« Georges COCHERY.

« *Le Ministre des Colonies,*
« André LEBON. »

Le Président de la République Française,

Sur le rapport des Ministres des Finances et des Colonies ;

Vu la déclaration du Gouverneur des établissements français de l'Océanie, en date du 20 janvier 1855, relative à la propriété des terres en Nouvelle-Calédonie ;

Vu le décret du 12 décembre 1874 sur le gouvernement en Nouvelle-Calédonie ;

Vu le décret du 16 août 1884, portant constitution du Domaine pénitentiaire en Nouvelle-Calédonie ;

Vu le décret du 2 avril 1885, portant constitution du Conseil général de la Nouvelle-Calédonie ;

Vu le décret du 17 octobre 1896, portant organisation du régime des mines en Nouvelle-Calédonie ;

Vu l'article 18 du sénatus-consulte du 3 mai 1854 ;

Vu l'avis du Comité consultatif du contentieux des colonies du 12 février 1895,

Décrète :

Article premier. — Est autorisée, pendant une période de dix années, l'attribution, à titre de subvention au budget local de la Nouvelle-Calédonie, pour les dépenses de colonisation, des produits du Domaine de l'État pour la portion excédant le montant des recettes qui seraient inscrites sous le même titre (Produit du Domaine) au budget de l'État.

Cette disposition n'est pas applicable aux parties du Domaine affectées aux divers services publics et aux terrains réservés aux indigènes.

Art. 2. — Les recettes provenant du Domaine, dans les limites indiquées à l'article 1er, et les dépenses de colonisation corrélatives sont inscrites au budget local.

Art. 3. — Les dépenses de colonisation sont obligatoires dans la limite des recettes sus-visées.

Les prévisions de recettes sont arrêtées par le Gouverneur en Conseil privé.

Art. 4. — Il est ouvert à la Caisse de réserve un compte spécial à l'encaissement du reliquat, s'il en existe en fin d'exercice, des recettes domaniales et aux prélèvements ultérieurs.

Les versements et prélèvements sont arrêtés par le Gouverneur en Conseil privé. Il en est rendu compte au Ministre.

Art. 5. — Le plan d'ensemble des travaux à effectuer est dressé par le Gouverneur en Conseil privé, délibéré par le Conseil général et approuvé par le Ministre des colonies.

Chaque année, le plan de campagne et les dépenses y afférentes sont fixés dans les mêmes conditions.

Art. 6. — Les dépenses de colonisation comprennent les dépenses nécessitées par la gestion du Domaine, par la création des centres de colonisation, par l'établissement de voies de communication y conduisant et en général toutes celles destinées à favoriser le développement de l'immigration.

Art. 7. — Les terrains domaniaux sont aliénés par voie d'adjudication publique, sans que les lots puissent dépasser une étendue de 500 hectares.

Toutefois, des concessions gratuites de biens ruraux, d'une superficie ne dépassant pas 25 hectares, peuvent être accordées par le Gouverneur; en outre, il peut y ajouter, à titre onéreux, soit par vente directe, soit par location avec promesse de vente, une superficie qui, ajoutée à la concession gratuite, ne devra pas dépasser 100 hectares. Des arrêtés du Gouverneur, approuvés par le Ministre, détermineront les règles suivant lesquelles seront accordées les concessions visées au présent paragraphe.

Des concessions domaniales, sans condition d'étendue, peuvent également être faites, après avis du Conseil général, aux Compagnies ou particuliers qui se chargeraient de l'exécution de travaux d'intérêt colonial, tels que routes, chemins de fer, quais, etc. Ces concessions ne deviennent définitives qu'après approbation par décret rendu dans la forme des règlements d'administration publique.

Art. 8. — La location des terrains domaniaux a lieu aux enchères, par voie d'ajudication publique.

Toutefois, lorsqu'il s'agit d'une location d'une durée de six ans et au-dessous, et que le terrain n'est demandé que par une seule personne, le bail pourra en être fait à l'amiable.

Art. 9. — La gestion, la conservation et la surveillance du domaine sont confiées à un agent de l'administration des Domaines de l'État placé directement sous les ordres du Gouverneur.

Art. 10. — Les concessions de mines continuent à être régies par le décret du 17 octobre 1896.

Art. 11. — Toutes les dispositions contraires au présent décret sont abrogées.

Art. 12. — Les Ministres des Finances et des Colonies sont chargés, chacun en ce qui le concerne, de l'exécution du présent décret.

Fait à Paris, le 10 avril 1897.

Félix FAURE.

Par le Président de la République :
Le Ministre des Finances,
Georges COCHERY.

Le Ministre des Colonies,
André LEBON.

ARRÊTÉ : *Promulgation du décret du 6 octobre 1897, relatif à la désaffectation de certaines réserves du territoire pénitentiaire.*

(Du 18 novembre 1897)

Nous, Gouverneur de la Nouvelle-Calédonie et Dépendances, Chevalier de la Légion d'Honneur, Officier d'Académie,

Vu le décret du 16 août 1884, portant délimitation du domaine pénitentiaire en Nouvelle-Calédonie ;

Vu la dépêche ministérielle du 8 octobre 1897, n° 93, relative à la désaffectation de certaines réserves pénitentiaires ;

Vu l'article 72, §§ 1er, 2 et 3 du décret organique du 12 décembre 1874 sur le Gouvernement de la Nouvelle-Calédonie ;

Sur la proposition du Directeur de l'Intérieur et du Directeur de l'Administration pénitentiaire,

Avons arrêté et arrêtons :

Article premier. — Est promulgué en Nouvelle-Calédonie et dépendances, pour y être exécuté suivant sa forme et teneur, le décret du 6 octobre 1897, ayant pour objet de désaffecter certains territoires de la Nouvelle-Calédonie attribués à la transportation.

Art. 2. — Le Directeur de l'Intérieur et le Directeur de l'Administration pénitentiaire sont chargés, chacun en ce qui le concerne, de l'exécution du présent arrêté qui sera inséré au *Journal* et au *Bulletin officiels* de la colonie et de la transportation, ainsi que l'acte qu'il promulgue.

Nouméa, le 18 novembre 1897.

P. FEILLET.

Par le Gouverneur :
Le Directeur de l'Intérieur,
A. Martineau.

Le Directeur de l'Administration pénitentiaire,
E. Telle.

DÉCRET *ayant pour objet de désaffecter certains territoires de la Nouvelle-Calédonie attribués à la Transportation.*

(Ministère des Colonies. — 2ᵉ, 3ᵉ Directions. — 1ᵉʳ et 4ᵉ Bureaux)

Paris, le 6 octobre 1897.

Le Président de la République Française,

Sur le rapport du Ministre des Colonies ;
Vu l'article 18 du sénatus-consulte du 30 mai 1854 ;
Vu la déclaration du Gouverneur des Etablissements français de l'Océanie, en date du 20 janvier 1855, relative à la propriété des terres en Nouvelle-Calédonie ;
Vu le décret du 12 décembre 1874 sur le Gouvernement de la Nouvelle-Calédonie ;
Vu le décret du 16 août 1884, portant constitution du domaine pénitentiaire en Nouvelle-Calédonie ;
Vu les procès-verbaux de délimitation des territoires composant le domaine pénitentiaire dans cette colonie ;
Vu le décret du 10 avril 1897 sur le Domaine de l'Etat à la Nouvelle-Calédonie ;
Vu la lettre du Gouverneur de la Nouvelle-Calédonie en date du 5 août 1897 ;

Décrète :

Article 1ᵉʳ.

Les territoires :

Du Diahot (partie)...........................	3.680 hect.
De Balade..................................	2.090 —
De Méhoué.................................	4.062 —
De Koumac.................................	810 —
De Tchéleime...............................	822 hect. 22
De Katembé................................	1.410 —
De Younga.................................	1.043 —
De Koligo..................................	1.030 —
De Taom...................................	1.350 —
De Témala.................................	590 —
De Hienghène..............................	1.160 —
De Koniambo { partie disponible....... 581 h. / réserve communale...... 298 h. }	879 —

De Goyetta...	1.480 —
De Amoa...	940 —
De la Moindah..	2.200 —
D'Ouma...	1.342 —
De Monroh...	3.610 —
De Poya...	4.806 —
De La Foa { rive droite de la Honé...... 2.056 h. / — 240 h. }	2.296 —
De Kouaoua...	154 —
De Ciu..	230 —
Les concessions Castel et Lemanchec	8 —
La ferme de Canala..................................	84 —

représentant une contenance totale d'environ 36,136 hectares, cesseront, au fur et à mesure des nécessités du service, d'être réservés pour les besoins de la transportation, et seront, par arrêtés du Gouverneur de la Nouvelle-Calédonie, en Conseil privé, affectés à la colonisation libre.

Article 2.

Les territoires :

De Ponambot...	828 hect.
De Tinip...	560 —
De la Ouaménie (non compris les 1,000 hectares concédés, sous conditions spéciales, à la Société générale de colonisation)	5.395 —

provenant d'achats, et représentant une contenance totale de 6,783 hectares, recevront la même affectation que les territoires énumérés à l'article premier.

Article 3.

Le Ministre des Colonies est chargé de l'exécution du présent décret.

Fait à Rambouillet, le 6 octobre 1897.

Félix FAURE.

Par le Président de la République,
Le Ministre des Colonies,
André LEBON.

ARRÊTÉ : *Procédure à suivre pour le cantonnement des indigènes.*

(Du 23 novembre 1897)

P. FEILLET, Gouverneur de la Nouvelle-Calédonie et Dépendances, Chevalier de la Légion d'Honneur, Officier d'Académie,

Vu le décret du 12 décembre 1874 ;

Vu la dépêche ministérielle n° 92 en date du 8 octobre 1897 prescrivant de fixer la procédure à suivre pour la constitution des réserves indigènes ;

Considérant qu'il importe de réglementer les opérations de cantonnement des indigènes en vue de la création de centres de colonisation libre :

Le Conseil privé entendu ;

Arrête :

Article premier. — Le Service Topographique dressera pour chaque tribu à cantonner, ou dont le cantonnement déjà existant sera à reviser, un plan indiquant les surfaces à lui attribuer définitivement à titre de réserves.

Art. 2. — Cette réserve sera constituée dans la proportion minima de trois hectares à culture par tête.

Art. 3. — Elle comprendra autant que possible les emplacements traditionnellement occupés par le tribu.

Art. 4. — Les endroits tabous, ou consacrés par les coutumes, les cimetières, etc., seront toujours compris dans ses limites.

Art. 5. — Une Commission nommée par le Gouverneur et composée de l'Administrateur de l'arrondissement dans lequel se trouve la tribu à cantonner, d'un habitant notable et d'un sous-officier de gendarmerie de la localité la plus voisine se rendra sur les lieux, munie de tous les renseignements nécessaires pour indiquer aux indigènes la limite du territoire qui leur est assigné.

Art. 6. — Le Chef de la tribu intéressée asssistera aux opérations de la Commission et son avis sera obligatoirement consigné au procès-verbal.

Art. 7. — La Commission pourra, après en avoir donné avis au Gouverneur et lui avoir demandé sa décision à ce sujet, apporter au plan dressé par le Service Topographique, les modifications que son examen lui aura fait paraître nécessaires.

Art. 8. — Elle fixera les délais à consentir aux indigènes pour le transfert de leurs installations et l'enlèvement de leurs récoltes.

Art. 9. — Elle formulera des propositions en ce qui concerne les indemnités à leur payer.

Art. 10. — Le montant de ces indemnités sera plus ou moins élevé selon que les terrains à reprendre pour les besoins de la colonisation libre seront effectivement occupés ou non.

Dans le second cas, l'indemnité, très faible, représentera uniquement le signe matériel du consentement de la tribu à la conclusion du contrat.

Dans le premier, occupation effective du terrain à aliéner, l'indemnité devra comprendre en plus de ce signe matériel du consentement, une compensation suffisante des dommages subis (valeur des arbres, des cases à abandonner, etc.) par les Canaques du fait de leur déplacement.

Art. 11. — Le procès-verbal de la Commission et l'accord intervenu entre cette dernière et la tribu déplacée ou réduite, représentée par son chef, seront communiqués, pour avis, avec le dossier complet de l'affaire, à la commission du Domaine et de la Colonisation libre instituée par arrêté local du 15 juillet 1895, puis soumis à l'approbation du Gouverneur en Conseil privé.

Nouméa, le 23 novembre 1897.

P. Feillet.

RAPPORT

A MONSIEUR LE GOUVERNEUR EN CONSEIL PRIVÉ.

Présentation d'un arrêté fixant le régime des concessions domaniales.

(Séance du 22 mars 1898).

Monsieur le Gouverneur a pris, à la date du 30 août 1897, un arrêté destiné à fixer le régime des concessions domaniales. La dépêche ministérielle du 22 novembre suivant, n° 104, a approuvé cet arrêté en prescrivant toutefois diverses modifications de détail portant plutôt sur la forme que sur le fond.

Une autre dépêche ministérielle du 29 janvier 1898 a admis quelques autres modifications proposées par M. le Gouverneur lui-même.

Dans ces conditions, j'ai l'honneur de soumettre à Monsieur le Gouverneur, en Conseil privé, un nouvel arrêté qui n'est que la reproduction de celui du 30 août dernier, mais avec les modifications prescrites ou autorisées par les dépêches ministérielles précitées.

Ce nouvel arrêté abrogerait toutes les dispositions antérieures et fixerait définitivement le régime des concessions de terrains domaniaux.

J'ai l'honneur de prier Monsieur le Gouverneur de vouloir bien revêtir cet arrêté de sa signature.

Le Chef du Service du Domaine de l'État.
COULOMBEIX.

ARRÊTÉ *fixant le régime des concessions domaniales.*

(Du 22 mars 1898).

LE GOUVERNEUR DE LA NOUVELLE-CALÉDONIE ET DÉPENDANCES, CHEVALIER DE LA LÉGION D'HONNEUR, OFFICIER D'ACADÉMIE,

Vu le décret du 10 avril 1897 sur le Domaine de l'État en Nouvelle-Calédonie ;

Vu les dépêches ministérielles des 22 novembre 1897, n° 104, et 29 janvier 1898, n° 166, approuvant les dispositions ci-après ;

Vu le décret organique du 12 décembre 1874 ;

Sur la proposition du Chef du Service du Domaine de l'État ;

ARRÊTE :

ARTICLE PREMIER. — Des concessions de terres à titre gratuit peuvent être accordées par arrêté du Gouverneur aux immigrants, justifiant des ressources suffisantes, qui viennent s'établir en Nouvelle-Calédonie pour y entreprendre des exploitations agricoles.

ART. 2. — L'étendue de ces concessions peut varier suivant les accidents du terrain et sa qualité.

Cette étendue ne sera jamais inférieure à dix hectares ni supérieure à vingt-cinq et comprendra toujours au moins cinq hectares de terres à cultures.

ART. 3. — Les immigrants, à leur arrivée dans la colonie, choisiront leur concession parmi celles qui seront disponibles dans les centres créés.

Dans le cas où plusieurs demandes se produiraient en même temps, pour l'obtention des mêmes lots, l'attribution de ces lots se ferait par voie de tirage au sort.

ART. 4. — Le concessionnaire est tenu de mettre son terrain en valeur et de l'habiter. Il ne peut s'en absenter pendant plus de six mois sans en aviser l'Administration et se faire remplacer par un gérant libre.

Art. 5. — Il est délivré au concessionnaire, au moment de son installation, un titre provisoire : ce titre provisoire sera transformé en titre définitif de propriété au bout de cinq ans et seulement s'il a planté en caféiers ou autres plantes de longue durée (caoutchouc, vanille, etc.) la moitié de la surface susceptible de les recevoir. Le délai de cinq ans indiqué ci-dessus peut être réduit à trois ans si les caféiers ou autres plantes de longue durée occupent les deux tiers de la surface susceptible de les recevoir.

Art. 6. — L'immigrant, qui dispose du minimum du capital exigé, peut obtenir dans le centre de colonisation libre où il est établi, et touchant celle qui lui a été attribuée à titre gratuit, une concession à titre onéreux, soit par vente directe, soit par location avec promesse de vente. Les prix de vente ou de location sont déterminés par arrêté du Gouverneur pris en Conseil privé. Un capital supérieur au minimum exigé peut donner lieu à l'obtention d'un nombre de concessions à titre onéreux, proportionnel au montant de ce capital, sans que toutefois la surface totale de ces concessions et de celle qui est gratuite puisse dépasser cent hectares.

Art. 7. — Dans les centres de colonisation libre, les concessions à titre onéreux, accordées dans les conditions ci-dessus, entraînent pour leurs détenteurs les mêmes obligations énumérées aux articles 4 et 5 que les concessions gratuites.

Art. 8. — L'exécution de ces obligations sera constatée par l'administrateur de l'arrondissement ou son délégué agréé par le Gouverneur.

Art. 9. — Tout concessionnaire qui, sauf le cas de force majeure, ne remplira pas ses obligations, encourra la déchéance qui sera prononcée par décision du Gouverneur en Conseil privé lorsqu'il s'agira d'une concession purement gratuite et par le Conseil du Contentieux administratif en ce qui concerne les concessions en partie gratuites et en partie à titre onéreux.

Art. 10. — Les officiers ou fonctionnaires en service dans la colonie, cinq ans au plus avant l'époque à laquelle ils ont droit à leur admission à la retraite, les employés civils ou militaires, auxquels la loi de finances du 28 décembre 1895 a dénié tout droit à une pension de retraite, les jeunes gens nés dans la colonie et âgés d'au moins 21 ans ou ayant rempli les obligations du service militaire, les sous-officiers et les soldats qui prennent leur congé dans la colonie, les employés européens amenés par les immigrants ou appelés par eux dans la colonie peuvent obtenir, sous la réserve des mêmes obligations, les mêmes avantages que ceux accordés aux immigrants.

Art. 11. — Le présent arrêté, qui abroge toutes les dispositions antérieures sur la matière et notamment l'arrêté du 30 août 1897, sera inséré au *Journal* et au *Bulletin officiels* de la colonie.

Le chef du Service du Domaine de l'État est chargé de son exécution.

Nouméa, le 22 mars 1898.

FEILLET.

Par le Gouverneur :
Le Chef du Service du Domaine de l'État.
COULOMBEIX.

NOTICE

SUR LA TRANSPORTATION ET SUR LA RELÉGATION EN NOUVELLE-CALÉDONIE

I. — **Transportation.**

Nous n'entreprendrons pas ici de tracer l'histoire détaillée, avec statistiques à l'appui, du bagne en Nouvelle-Calédonie ; c'est un travail qui comporterait trop de développements et qui excéderait le cadre d'une notice simple, précise, et suffisante pour donner une idée exacte du rôle joué par l'administration pénitentiaire en Nouvelle-Calédonie depuis ses origines jusqu'à nos jours.

D'ailleurs, les personnes plus curieuses, et qui voudraient faire une étude plus approfondie de la question, n'ont qu'à se reporter aux Notices officielles, publiées tous les ans par le ministère des Colonies, aux journaux officiels et aux journaux publiés dans la colonie.

Tout le monde a sur le bagne une opinion vraie ou fausse ; les solutions les plus diverses ont été proposées dans les tribunes électorales et dans la presse. Elles varient suivant le prisme à travers lequel a regardé chaque observateur. C'est comme en médecine : Quel est l'homme assez dénué d'intelligence pour n'avoir pas à préconiser un ou deux remèdes à une maladie déterminée ? Il ne faudrait pas croire que ce sont les plus instruits et les plus compétents qui ont fait le plus de bruit. C'est presque toujours le contraire qui s'est produit. Donc, notre devise est justifiée : *Tot capita tot sensus!*

Nous examinerons les principales opinions et nous tâcherons de discerner la vérité.

1re OPINION. — D'aucuns sont partisans de la suppression pure et simple de la transportation; la colonisation par le bagne est une utopie. Il est indigne, d'après eux, de mettre la colonisation libre en contact avec le bagne et la main-d'œuvre pénale n'a jamais servi à la prospérité de la colonie.

2e OPINION. — D'autres, non moins convaincus que les premiers, sont partisans du bagne coûte que coûte. Le bagne est le grand consommateur des produits du pays ; sans lui, pas d'élevage du bétail, qui est une des branches les plus importantes de la prospérité de la colonie ; le bagne fait des routes sans lesquelles il n'y a pas de colonisation libre possible ; il crée des centres importants au point de vue agricole, centres qui seront toujours fondus dans l'agglomération libre ; il construit des casernes, des hôpitaux, des églises. Il nécessite une force armée considérable, des fonctionnaires et agents qui peuplent et qui consomment, et qui sont le plus beau fleuron de la clientèle des négociants. Enfin, le bagne est une aide indispensable pour les exploitations minières et agricoles, en raison de la pénurie de la main-d'œuvre. Leur devise est *Convicts for ever!*

3e OPINION. — D'autres enfin sont partisans de la suppression du bagne par extinction. Ils estiment que la colonie a encore besoin du bagne pour compléter le réseau des routes, ainsi que pour la confection des grands travaux d'utilité publique, tels que le bassin de radoub, le grand quai, le dragage du banc infernal qui obstrue la rade et les voies de pénétration, pour l'installation des colons qui viennent de France. Si la colonie se peuple vite, il n'est pas douteux pour eux que le bagne sera absorbé par l'élément libre, comme les convicts ont été absorbés par les colons australiens.

Telles sont les principales opinions dégagées de tous les détails. Il va sans dire que nous n'avons pas à tenir compte de telle ou telle opinion, mitigée par des considérations d'intérêt particulier. Examinons maintenant leur valeur.

1ʳᵉ OPINION. — Le bagne est une honte, il n'a jamais servi à la prospérité de la colonie, il éloigne les colons libres, il faut le supprimer *hic et nunc*.....

Tout d'abord, il faut reconnaître que le fait brutal d'enlever du jour au lendemain le bagne de la Nouvelle-Calédonie est, sinon impossible, du moins très difficile à réaliser. On nous raconte à ce sujet une bonne histoire qui serait arrivée à la Guyane. Nous la donnons pour ce qu'elle vaut, n'ayant pas de preuve à apporter à l'appui de notre dire. Le Conseil général avait câblé au ministre un vote de suppression immédiate de la transportation. Un sous-secrétaire d'État bien connu répondit qu'il adoptait en principe la proposition de l'assemblée du pays ; il invitait le gouverneur à lui faire connaître les voies et moyens pour mettre immédiatement cette décision à exécution. Les malheureux conseillers généraux furent obligés par leurs électeurs d'aller supplier le gouverneur de faire revenir le ministre sur sa détermination. Il est certain qu'aussi bien à Nouméa qu'à Cayenne le départ immédiat du bagne causerait des effets désastreux pour les affaires du pays et amènerait de nombreuses faillites. On se demande vraiment si, pour les partisans de cette théorie, il eût mieux valu que le bagne ne fût pas implanté en Nouvelle-Calédonie, plutôt que de demander sa suppression immédiate.

Est-ce à dire que la question théorique de la suppression de la transportation, dans les colonies françaises, des forçats ne soit pas digne d'attirer l'attention du législateur? Loin de nous cette pensée. L'Angleterre, après avoir tâté de la transportation, en est revenue au système de répression dans les prisons de la Métropole, parce que les colonies se sont peuplées très vite. En serait-il de même pour nos colonies si on supprimait immédiatement le bagne? *That is the question!*

La seconde opinion a des partisans non moins chauds. On les trouve notamment parmi les commerçants, les industriels, les armateurs, en un mot, parmi tous ceux qui produisent, qui vendent, qui exportent, qui ont besoin de main-d'œuvre fixe et à bon marché. Quelques enragés partisans du bagne ont, sinon changé d'opinion, du moins se sont ralliés à des idées plus modérées depuis qu'ils ont vu la possibilité de la colonisation libre, préconisée par les hommes actuellement au pouvoir.

Elle ne compte pas beaucoup de colons agricoles, bien qu'ils soient convaincus de la supériorité de la main-d'œuvre des forçats sur celle des Asiatiques ou des Océaniens. Ils accusent volontiers les forçats de posséder les plus belles terres et d'être traités plus avantageusement qu'ils ne le sont dans leur œuvre de colonisation.

Nous pensons que le bagne ne mérite « ni cet excès d'honneur ni cette indignité. »

La 3ᵉ opinion rallie toutes les personnes qui veulent réellement le bien du pays. Ils comptent sur l'immigration libre pour absorber à bref délai la population d'origine pénale. Il semble que les pouvoirs publics aient adopté cette solution. En effet, il n'a pas été envoyé de convois de condamnés depuis quelques années, et le Gouvernement a récemment prélevé sur le domaine pénitentiaire environ 40,000 hectares de terres excellentes pour les cultures diverses et notamment pour le café, en vue de les distribuer aux immigrants libres qui viennent s'installer dans le pays.

Il est à présumer que les résultats déjà obtenus ne s'arrêteront pas là et que la Nouvelle-Calédonie, qui jouit d'un climat merveilleux, permettant à l'Européen de se livrer à tous les travaux, verra dans un avenir rapproché ses richesses minières et agricoles faire la prospérité de ses colons.

Si les opinions sur le bagne sont si diverses, il n'en est pas de même au sujet de la libération. Tout le monde est d'accord que la mise en liberté, dans la colonie, des individus sortant du bagne est une marée montante, qu'il importe d'endiguer car elle menace d'être un réel danger pour la sécurité publique. Les colons se demandent pourquoi la loi de 1854 a imposé au libéré des travaux forcés l'obligation de la résidence temporaire ou perpétuelle suivant qu'il est condamné à huit ans ou à une peine supérieure. Dans aucune législation on n'a vu une pareille disposition qui est qualifiée de draconienne. Ils pensent et ils ont toujours pensé que le décret-loi du 8 décembre 1851, qui est le point de départ de notre législation actuelle, a été plutôt une mesure politique qu'un acte de bienveillance à l'égard des colonies; que l'Empire s'est plus préoccupé de transporter dans les colonies lointaines les individus dangereux qu'on trouvait dans toutes les émeutes populaires que de fournir des travailleurs aux colons. La libération est une plaie ; pour quelques libérés qui s'établissent dans le pays comme résidents libres à l'expiration de la période vulgairement appelée « le doublage », combien de nomades, de paresseux, d'ivrognes, de maraudeurs et de criminels cette population ne renferme-t-elle pas! Les statistiques de la Cour d'assises de Nouméa en font foi.

La population entière pousserait un cri de soulagement si le gouvernement de la République trouvait un moyen quelconque pour la débarrasser des libérés.

La transportation des forçats en Nouvelle-Calédonie, décidée en principe, dès 1859, à cause de la grande mortalité qui sévissait dans cette population à la Guyane, ne commença réellement qu'en 1864. Le premier convoi, de 248 forçats, sur l'*Iphigénie*, arriva à Fort-de-France (Nouméa) le 16 mai. Il fut suivi d'un deuxième en 1866. Pendant chacune des années suivantes, plusieurs convois furent expédiés. C'est en 1873, 1877, 1878 et 1881 que les convois furent les plus nombreux. La seule année 1873 nous amena 1903 forçats.

L'effectif se trouvait être en 1889, en tenant compte des libérations, décès, disparitions, etc., de 6,991, plus 39 femmes ; en 1893, il descend à 5,754, plus 33 femmes ; en 1898, il descend à 4,949, plus 20 femmes.

Il n'est plus que de 4,420 forçats et 16 femmes en 1899.

Nous allons indiquer sommairement et à grands traits les établissements fondés par le bagne et les travaux d'utilité publique ou coloniale auxquels il a collaboré par l'emploi de la main-d'œuvre ou par les capitaux mis à sa disposition. Il ne nous restera ensuite qu'à tirer une conclusion.

Dès leur arrivée les forçats furent enfermés à l'île Nou qui est située en face de Nouméa et qui forme un des côtés de la vaste rade. La moitié de l'effectif fut chargé de construire les établissements du pénitencier, l'autre moitié fut mise à la disposition des services publics. Peu à peu, l'effectif, augmentant, fut réparti sur la ferme-école d'Yahoné, sur Canala et sur Bourail.

Le gouvernement mit quelques condamnés à la disposition des colons pour les travaux agricoles. Il sera peut-être intéressant de faire connaître les noms des premiers colons qui ont demandé et obtenu de la main-d'œuvre pénale, il faut citer MM. Boutan, Ray, Joubert, Durand, Rousseau, Hoff et Casey.

En 1868, on créa un pénitencier à Lifou (Iles Loyalty) pour y interner les Canaques condamnés, mais cet établissement mort-né fut abandonné l'année suivante.

Entre temps on choisissait des terrains pour installer les forçats. Ces terrains s'étendent dans les régions de Bourail, d'Uaraï et de Canala. On multiplia les camps dans l'intérieur pour la construction des routes. A citer ceux du Saut des Français, de Païta et de Soriebo. L'établissement de Canala prend de l'extension, on y créa une ferme ainsi qu'à Bourail. A Prony s'élève un établissement pour l'exploitation forestière. Les bois destinés aux services publics et à l'administration pénitentiaire sont fournis par ce poste.

Des forçats en plus grand nombre sont mis à la disposition des services publics pour la construction des casernes, édifices publics, etc. Une des mesures les plus sages avait été de placer à la ferme d'Yahoué les libérés qui n'étaient pas concessionnaires de terres.

De 1868 à 1870, le nombre des condamnés mis à la disposition des colons et des services publics augmente considérablement. Quelques condamnés obtiennent des concessions de terre sur le territoire de Bourail.

A signaler, dans la période de 1870 à 1875, la création du pénitencier de Fonwhary (groupe d'Uaraï) et l'agrandissement des établissements dont il a été précédemment parlé. A Prony, l'exploitation forestière occupe plus de cent condamnés.

Les principaux travaux exécutés pendant cette période sont : l'arasement de la butte Coneau qui se trouvait au cœur de la ville de Nouméa ; la conduite d'eau d'Yahoné à Nouméa sur un parcours d'environ 12 kilomètres ; l'installation d'un réseau télégraphique sur une étendue de 600 kilomètres, ainsi que le service de propreté de la ville.

A noter une mesure de bienveillance en faveur des colons agriculteurs. Les salaires des forçats mis à leur disposition, qui s'élevaient à 20 francs par mois sans compter les vivres, sont abaissés à 6 francs. A ce jour ils sont de 10 francs. En 1875, on évalue à 86,000 les journées au profit des habitants et à 270,000 celles affectées aux travaux d'utilité publique au profit de la colonie.

Sur les fermes agricoles, on fait les essais de culture ; la canne à sucre, le riz, les haricots, le tabac et le café réussissent convenablement. Quelques concessionnaires d'origine pénale fondent des huileries pour le traitement du ricin et des noix de coco et de bancoul.

L'administration passe avec le propriétaire de l'usine à sucre de Bourail un contrat de trois ans pour l'achat des cannes à sucre produites par les concessionnaires.

On verra plus loin ce qu'il faut penser de tous ces essais, faits dans les fermes agricoles, et des résultats obtenus. De cette époque date la grandeur et l'importance prise par l'administration pénitentiaire dans la colonie. Son chef a voix dans le conseil du gouvernement. Son importance sera encore augmentée quelques années après par le décret de 1882 qui en fait un chef d'administration au même titre que tous les représentants des pouvoirs militaires ou civils dans la colonie, et en outre lui délègue l'ordonnancement des dépenses de son administration.

Vers la même époque se place un acte important au point de vue des relations de la Nouvelle-Calédonie avec l'Australie, sa voisine. Cette colonie, qui avait refusé à l'Angleterre de laisser débarquer son dernier convoi de convicts, voyait d'un très mauvais œil arriver chez elle les forcats qui s'évadaient de la Nouvelle-Calédonie. Un traité d'extradition fut conclu entre la France et l'Angleterre, cette dernière agissant pour le compte de l'Australie. Il y aurait beaucoup à dire au sujet de ce traité d'extradition, mais cette discussion sortirait du cadre de cette notice. On s'est souvent posé la question de savoir si les libérés astreints à la résidence obligatoire étaient compris dans les termes vagues de ce traité. La question semble résolue par l'affirmative. L'Australie a aussi peur des convicts libérés que des convicts qui portent encore la casaque du bagne. On a même été plus loin et on s'est demandé naguère si ce traité d'extradition ne s'appliquait pas aux Relégués. La solution théorique ne nous semble pas douteuse. Le traité d'extradition de 1876 ne pouvait pas prévoir une nouvelle espèce de convicts qui ont été inventés par la loi de 1885. Pourtant il ne faudrait pas trop s'étonner si cette question était résolue par l'affirmative!

L'année 1876 semble être fertile en travaux d'utilité publique. Les constructions de l'hôpital militaire, de l'évêché, des bureaux de la déportation sortent de terre, ainsi que de nombreux bâtiments dans les différents pénitenciers.

Le réseau des routes et sentiers s'est augmenté de 100 kilomètres. Mais les essais de culture sont détruits par les sauterelles. Il est curieux de noter combien ce petit animal a « bon dos ». On lui impute tous les péchés d'Israël et il ne réclame pas. On nous passera cette expression triviale ; nous désirions faire ressortir comment l'incapacité des agents de culture s'est souvent cachée sous des fléaux réels, mais notoirement exagérés. On a été jusqu'à écrire officiellement que les sauterelles avaient détruit des luzernières, alors qu'il est notoire que cet animal ne s'attaque pas à cette plante.

L'administration pénitentiaire prend du bétail de race bovine en cheptel. Nous ajouterons que si elle a fait des bénéfices de ce chef lors du règlement du cheptel, elle ne s'est jamais préoccupée sérieusement de la question, qui était intéressante, à savoir de créer, par la sélection, par le croisement des races, par l'introduction d'étalons, une belle race pour la propager dans le pays.

Il en est de même pour l'élevage du cheval et du porc. Elle a opéré comme un colon pour ses besoins et pour son profit, sans songer à améliorer les races, ce qui pouvait lui faire pardonner ses dépenses fastueuses.

Déjà en 1876 le nombre des libérés va grossissant. Il atteint le chiffre respectable de 1.250. Mais le danger se trouve pallié par l'occupation rémunératrice de cette main-d'œuvre dans les exploitations agricoles et dans les mines de nickel, qui commencent à prendre un grand essor. C'est à peine si 150 de ces individus tombent à la charge de l'administration.

En 1877 les travaux publics ont employé 500,000 journées de condamnés. Les principaux travaux effectués sont : la canalisation pour la distribution de l'eau dans Nouméa ; la construction de la caserne de gendarmerie ; le percement de la rue Sébastopol ; la construction du grand quai, et la continuation des travaux précités.

Des concessions de terre sont données à des forçats sur le pénitencier de Fonwhary ; on crée la ferme Nord à l'île Nou.

Là, nous voyons apparaître... (sur le papier) la fameuse Société pour le patronage des libérés. Nous devons à la vérité de dire que cette œuvre philanthropique n'a jamais fonctionné depuis sa création jusqu'à ce jour. Pourquoi? on n'en sait rien. Sans doute, parce que le libéré travailleur et de bonne conduite trouve toujours à gagner sa vie sur les mines ou sur les exploitations agricoles. Quant à ceux qui vivent dans l'oisiveté et dans la débauche, la commission a sans doute estimé dans sa sagesse que ce serait peine perdue de s'occuper d'eux.

En 1878 éclate l'insurrection canaque. Tous les travaux sont arrêtés. En 1879 les forces de la transportation sont employées à la construction des forts et blockhauss dans l'intérieur de la colonie ; pourtant, on continue les travaux du quai et le percement des rues de Nouméa.

De 1880 à 1882, on construit le camp de Montravel, à trois kilomètres de Nouméa. Ce camp est flanqué de tourelles et de murs imposants. Le Gouverneur de l'époque, l'amiral Courbet, s'est fait remarquer par d'autres constructions du même genre, celles du Pénitencier-Dépôt de l'île Nou, celles du camp est, de Fonwhary et de Bourail. Ces constructions coûtaient cher, mais elles étaient solides.

A cette époque la transportation bat son plein. Les fermes agricoles engloutissent des millions en essais de toutes sortes. Rien n'y manque, depuis l'élève du ver à soie jusqu'à celles du porc, du mouton, du bœuf et du cheval. Entre temps l'administration achète à un particulier l'usine de Bourail et quelques terres au Diahot, moyennant la concession pendant vingt ans du produit de la main-d'œuvre de 300 condamnés valides. Le contrat avait été signé en 1878.

Pendant cette période, les travaux exécutés par le bagne sont : le bâtiment des subsistances ; les logements des fonctionnaires et agents ; le nivellement de la place d'armes ; les travaux de terrassement ; la construction d'un entrepôt et d'un appontement pour la flottille pénitentiaire.

Dans l'intérieur, les travaux de route sont poursuivis mollement. A signaler la construction de la route de Canala à Lafoua, de Canala à Thio et l'élargissement d'un petit sentier de Canala vers Conawa.

L'usine à sucre de Bourail occupe des condamnés, mais ne produit que peu de chose, à peine 3.500 kilogrammes de sucre et 35.000 litres de tafia. Les sauterelles et la sécheresse en sont la cause.

La deuxième usine à sucre de l'administration pénitentiaire, louée à un particulier, ne produit presque rien pendant cette période, pour les mêmes motifs sans doute. Cette usine est installée aux environs de Nouméa ; elle comprend en outre les établissements de Nomba, de la plaine Adam et de Koutio-Kouéta, sur lesquels se trouve du bétail pris en cheptel. Là furent faits les essais les plus coûteux. La vigne, les arbres fruitiers, l'élevage du ver à soie, du porc, du cheval et du bœuf, etc. Pour être juste, il faut noter un certain succès dans l'élève du cheval et de la vigne. Mais, en raison de la mauvaise qualité des pâturages, l'élève du bétail ne réussit pas. Il n'était d'ailleurs pas dirigé dans un but d'utilité publique. Cette usine eut quelques bonnes années pour la production du sucre et du tafia. A signaler la qualité de ce dernier produit qui peut lutter avec les meilleurs produits des autres colonies. Il est connu sous le nom de « rhum de Koë ». Mais la dépense n'était pas proportionnée au rendement.

Sur les 5,000 libérés astreints à la résidence obligatoire dans la colonie, à peine cinquante étaient à la charge de l'administration en 1881, c'est ce qui explique pourquoi des mesures de préservation ne furent pas prises par les pouvoirs publics à l'égard de cette population. Mais l'esprit nomade semble inné chez elle. Ce manque de fixité donne une dépréciation très sensible à cette main-d'œuvre. Le travail des mines semble retenir davantage les libérés et mieux convenir à leurs goûts. Il est d'ailleurs plus rémunérateur que les autres, surtout le travail à la tâche et à l'entreprise.

A cette époque l'administration pénitentiaire créait à l'île Nou des ateliers à fer et à bois, une fonderie. Les réparations et confections pour tous services publics étaient faits dans ces ateliers. Les particuliers et les industries libres pouvaient obtenir les mêmes avantages, à la condition que l'industrie privée ne fût pas en mesure d'exécuter leurs commandes. Il fallait au préalable obtenir de la Chambre de commerce un certificat constatant cette situation.

La colonisation principale prend une très grande extension. La ferme de Canala est à son déclin ; elle ne possède pas assez de terre pour s'étendre.

L'usine de Bourail, pendant l'année 1883, manipule près de 3 millions de kilogrammes de canne à sucre qui donnent un rendement de 200 tonnes de sucre et rhum. La qualité des produits est bonne. Le rhum est moins goûté que celui de Koë.

Ici se place la création du Syndicat agricole des condamnés concessionnaires de Bourail. Cette institution économique avait pour but de procurer aux adhérents les denrées de première nécessité au plus bas prix et de favoriser la vente des produits au meilleur prix. Plus tard un second syndicat sera créé à Pouembout.

Des essais de tannerie sont tentés à Bourail, en vue d'utiliser les nombreuses peaux du bétail abattu dans le pays. On peut dire aujourd'hui que cette industrie, après de longs tâtonnements, existe en Nouvelle-Calédonie. Les chaussures de la population pénale sont fournies, d'après un marché, par un adjudicataire dont l'usine est située à Bourail. La qualité du cuir est marchande.

L'administration pénitentiaire, frappée du mauvais exemple que les enfants des deux sexes avaient auprès de leurs parents, eut l'idée très heureuse de les éloigner de ce contact par la création d'internats. L'internat des garçons est situé à Némeara, à 10 kilomètres de Bourail, et celui des fillettes, d'abord placé à Bourail, est installé, aujourd'hui, sur l'ancien pénitentier de Fonwhary. Le premier compte cent garçons, le second cent vingt fillettes. Les résultats obtenus sont satisfaisants.

A la même époque se place la fondation du pénitencier de Pouembout. C'est un établissement de colonisation pénale et non une ferme.

Les essais de colonisation pénale, tentés à la Baie du Prony avec des concessionnaires pêcheurs et bûcherons, n'ont pas réussi.

La tendance fâcheuse au vagabondage et à la vie nomade, que nous avons signalée en 1883, dans la population des libérés des travaux forcés, s'accentue en 1884. Le danger pour la sécurité publique est imminent; fort heureusement, les plus dangereux d'entre eux se font réintégrer au bagne pour crimes contre la propriété ou contre leurs congénères.

C'est en 1884 que la puissance de l'administration pénitentiaire atteint son apogée ; on l'accuse de former un État dans l'État. C'est alors que le gouverneur Pallu de la Barrière conçut son vaste plan de travaux publics et le fit exécuter. Il comprenait la route nationale n° 1 de Païta à Bouloupari et Moindou, et le vaste réseau de routes muletières et de sentiers pour piétons et cavaliers, de Bouloupari à Thio, de Thio à Oubatche, d'Oubatche à Oégoa par le col de Parari, de Oégoa à Pam; de Oégoa à d'Oubatche Gomen par la chaîne centrale, de Bourail à Houaïlou en traversant encore la chaîne. Ce réseau ne comprenait pas moins de 90 kilomètres de grande route de 6 mètres (non compris les fossés, ainsi que tous les ouvrages d'art et l'empierrement) et de 600 kilomètres de sentiers et de routes muletières.

Comme par enchantement, les camps volants s'élevèrent dans toute la colonie ; près de 2,000 forçats, jusque-là inutilisés au dépôt de l'île Nou, furent déversés sur la Grande Terre et se mirent à cette œuvre gigantesque qui fut exécutée dans moins de deux ans. L'inauguration de la route de Païta à Bouloupari, fut exécutée en grande pompe en septembre 1885, ainsi que celle de toutes les routes muletières. Jamais on ne vit tant d'activité régner dans le pays. Si l'on peut reprocher au gouverneur Pallu d'avoir dépassé de quelques centaines de mille francs les crédits qui avaient été mis à la disposition de l'administration pénitentiaire pour la confection de ces travaux, on ne saurait manquer de lui reconnaître l'honneur d'avoir doté la colonie de belles routes. Désormais on pouvait circuler dans l'île.

C'est de cette époque mémorable que date aussi la suppression des fermes agricoles qui avaient fait leur temps, et dont les résultats étaient désastreux au point de vue des finances de la France. Canala fut abandonné et ses terres données en partie à des colons provenant des troupes de la marine ou de la flotte. La ferme de Fonwhary fut liquidée par le successeur de M. Pallu ; celle du Diahot fut aussi abandonnée. Il ne resta plus, comme établissement de colonisation pénale, que Bourail, La Foa-Fonwhary, Pouembout et le Diahot, qui comptait à peine quelques concessionnaires.

Successivement Koë fut rendu à son propriétaire. L'usine de Bourail fut mise en adjudication et louée à un colon d'origine pénale. Mais l'opération fut mauvaise pour l'administration parce que le preneur était insolvable. Quelques années après, cet établissement fut de nouveau loué à un industriel beaucoup plus sérieux qui, paraît-il, fait de bonnes affaires et dont le rhum, connu sous le nom de « Rhum de Bacouya », jouit d'une juste réputation dans le pays.

Deux ou trois ans après la grande entreprise du gouverneur Pallu, la colonie fut dotée d'un Conseil général. Cette assemblée voulut prendre en mains la direction des travaux de route en se servant de la main-d'œuvre pénitentiaire et des crédits votés dans la Métropole par la loi de finances. Mais la subvention pour travaux neufs, qui avait atteint près de 400,000 francs par an, fut réduite, peu à peu, à 150, à 75,000 et, finalement, fut retirée. La route nationale de Bouloupari à La Foa et Moindou fut continuée, et les routes existantes, entretenues. Mais, par suite du manque d'argent, tous les ouvrages d'art ne sont pas encore terminés à l'heure qu'il est, bien que cette route très belle soit depuis longtemps livrée à la circulation.

Comme derniers travaux d'intérêt local, la main-d'œuvre pénale a prêté son concours à la confection du grand quai (prolongement) en ligne droite.

Depuis quelques années, le service local de la colonie et la municipalité de Nouméa ont renoncé à l'emploi de la main-d'œuvre pénale, bien que cependant ils emploient par intermittences des corvées temporaires pour certains travaux spéciaux (phares, construction de barrières de la quarantaine pour le bétail, encailloutement de la route nationale de Tomo (entre les rivières de la Tontouta et de la Ouenglia), etc., etc.

Les autres services publics continuent d'avoir recours à cette main-d'œuvre, mais l'utilisation principale a lieu sur les travaux de mines en vertu de contrats réguliers.

On se rappelle celui de 1878 en échange de la cession de l'usine de Nacouya.

Depuis, est intervenu le contrat de 1881 avec la Société des gommes, expiré depuis longtemps. MM. Prevet et Cie, qui ont créé une importante usine pour la fabrication de conserves et de savon, ont obtenu des condamnés assignés, dont le nombre a varié, mais n'a jamais dépassé 150.

Le ministre, en échange du domaine de la Ouaménie, concéda des journées de main-d'œuvre à M. Cardozo qui les rétrocéda à la compagnie *le Nickel*.

Cette société elle-même obtint en 1887 un contrat qui lui accordait un effectif de condamnés variant entre 100 et 200, moyennant un prix déterminé.

Vint ensuite le contrat passé avec la Société des Nouvelles-Hébrides.

De plus, la main-d'œuvre du bagne fut progressivement accordée avec plus de largesse aux colons. Le maximum des condamnés mis à leur disposition est de 850 en 1896. Mais depuis, par suite de la diminution des effectifs et de l'obligation de satisfaire tous les contrats, l'administration s'est vue obligée de restreindre le nombre des assignés et même de suspendre provisoirement leur engagement. Cette situation, tout à fait anormale, va cesser bientôt par suite du paiement aux intéressés de toutes les journées en retard dans l'exécution des contrats.

Malgré cette situation fâcheuse, le gouverneur actuel, M. Feillet, a su, en employant les non-valeurs du bagne (éclopés, impotents, travaux légers), construire un réseau de routes de pénétration pour lui permettre l'installation des nombreux colons qui sont arrivés et qui arrivent journellement dans le pays. Telles sont les routes de Moindou à Tendéa et au lot Ravaux, la route de La Foa au col d'Amieux (celle-ci construite à l'entreprise avec des forçats valides), et enfin, la route de Bourail à Tendéa et rivière Houé par la Haute-Boghen. Je citerai encore la route de la mer au pic (Adio) (?) sur le territoire de la Poya. Enfin, les belles routes construites sur le centre de Bourail.

Telle est, esquissée à grands traits, et dans sa sincérité, l'œuvre accomplie par l'administration pénitentiaire en Nouvelle-Calédonie, depuis ses origines jusqu'à nos jours. Si elle n'a pas fait mieux, cela tient aux essais malheureux qui ont été tentés et qui ont absorbé tant de journées de travail et tant d'argent. Lorsqu'elle a été conduite avec vigueur et dans un but utilitaire pour le pays, elle a souvent été arrêtée par les réductions toujours croissantes dans les crédits budgétaires. Nonobstant, son œuvre a été bienfaisante et utile pour le pays. Cette force imposante aurait pu amener de bien meilleurs résultats. Que deviendra le bagne demain? *Chi lo sa?* Il semble que la liquidation ait commencé et qu'elle se poursuive activement.

Il est regrettable qu'il n'ait pas accompli en Nouvelle-Calédonie une œuvre plus utile avant de céder la place à la colonisation libre.

II. — La relégation en Nouvelle-Calédonie.

Explique qui pourra comment il se fait que cette population des rélégués soit si impopulaire en Nouvelle-Calédonie. Ils sont traités en parias et jusqu'à l'appellation qu'on leur donne « pièces du Chili » dans le jargon populaire, dénote la répugnance qu'on a pour eux.

Les essais de cette main-d'œuvre, tentés par les colons, ont donné des résultats si peu satisfaisants qu'on comprend facilement le peu de goût qu'ils éprouvent à l'employer. Toutefois il convient de dire, pour être absolument juste, que les essais tentés jusqu'à ces derniers temps n'avaient pas dépassé les besoins de la domesticité et de quelques professions d'artisan.

Pour les réhabiliter aux yeux du public, il faut faire connaître que les services de l'État, par un choix judicieux des ouvriers d'art et des manœuvres, ont su tirer un assez bon parti des relégués. Nous citerons les travaux accomplis notamment par le service de l'artillerie, la confection de plusieurs bâtiments de l'Hôpital militaire, les travaux de réfection intérieure des casernes et des vastes bâtiments de la direction de cette arme.

D'autre part, les services administratif et de la marine ont occupé des corvées et des boulangers dont ils étaient satisfaits.

L'administration pénitentiaire a employé cette main-d'œuvre pour les travaux agricoles et pour la confection des cases de la Ouaméni en vue de l'installation des nouveaux colons; pour l'exploitation forestière de la baie du Prony et pour les constructions et les cultures sur les centres affectés à la relégation.

La meilleure utilisation obtenue, c'est pour les travaux de mine. Déjà depuis longtemps bon nombre d'exploitations minières employaient des relégués. Mais l'administration ne tirait pas un grand profit de cette main-d'œuvre. Cependant, il y a environ six mois, il vint à l'idée de l'administration de faire l'essai de cette main-d'œuvre sur les grandes exploitations des mines de nickel. L'expérience, d'abord tentée sur un groupe de 50 relégués, ayant réussi, fut continuée, et à ce jour il y a près de 450 hommes de cette catégorie répartis sur les mines de la baie du Sud et de Kouawa.

Les demandes de relégués affluent. Mais, comme pour les transportés, il a fallu surseoir à ces concessions pour deux motifs : tout d'abord parce que l'expérience tentée n'est pas encore tout à fait concluante, et, d'autre part, nous pensons que l'administration pénitentiaire n'a plus beaucoup d'hommes bons pour les mines, à cause des non-valeurs très considérables que renferme cette population usée avant l'âge par la débauche et par le vice. La cour des miracles de l'île des Pins montre combien la proportion de non-valeurs dans la relégation dépasse celle de la transportation. En effet, le forçat, surtout celui condamné pour des crimes passionnels, n'a pas perdu les habitudes du travail, tandis que le relégué, en général, n'aime pas le travail.

D'autre part, il faut bien le dire, la répugnance du colon calédonien pour le relégué se base non seulement sur la valeur de cette main-d'œuvre, mais aussi sur l'institution elle-même. Au bon sens du colon calédonien il n'échappe pas que la loi de 1885 n'a pas atteint les individus qu'elle entendait frapper. Cette loi a eu en vue de punir les récidivistes du délit : les souteneurs, les « casquettes à trois ponts », les messieurs des boulevards extérieurs et de la barrière qui n'hésitent pas à commettre un crime si l'occasion est favorable, tandis que vous nous avez envoyé cette engeance connue sous le nom de mendiants, ivrognes d'habitude, voleurs de profession et malandrins, qui pillent sous le prétexte de demander l'aumône, etc.

Les autres, ceux vraiment dangereux, sont restés en France. Ils font les beaux jours des bals de barrière et des boulevards extérieurs. Ils côtoient le code comme on côtoie un gouffre, sans y tomber. Votre loi a frappé à côté. Vous avez exporté des miséreux et non des criminels !

En résumé, la relégation n'a pas rendu de grands services à la colonie. L'avenir nous réserve-t-il des surprises? Nous en doutons. La conduite des femmes a été ce qu'elle devait être ; celles qui ont été mises à la disposition des colons ont continué et continuent plus ou moins ouvertement leur ancienne vie de débauche. Presque toutes se font réintégrer pour inconduite. Elles font la navette entre Nouméa et l'île des Pins, aux frais des engagistes.

Les relégués mâles se conduisent un peu mieux. Il ne faudrait pas trop leur gratter l'épiderme pour s'apercevoir qu'ils ont encore dans les veines le même sang vicié qui les a fait exclure de la société. Quelques-uns se sont établis dans la colonie et se conduisent bien.

En résumé, une modification à cette loi s'impose, sinon la suppression de cette catégorie hybride de transportés.

L'effectif actuel des relégués venus de France est de 3,320 et celui des femmes de 450.

Le bagne a déversé à la relégation environ 280 nouveaux clients sans grands frais de transport.

Un des résultats de la transportation des relégués sur la terre calédonienne a été d'enlever à ces malheureux la préoccupation constante qu'ils avaient de se faire condamner soit à Lille, soit à Nice suivant les saisons. La Calédonie a un printemps perpétuel.

L'ÉLEVAGE EN NOUVELLE-CALÉDONIE

En étudiant attentivement une carte de la Nouvelle-Calédonie, on est frappé de la quantité des petits cours d'eau qui la sillonnent et de leur extrême division particulièrement favorable à l'élevage.

Ce qu'on appelle communément « la Chaine centrale » n'est pas, comme on l'a dit souvent, une arête médiane ; c'est au contraire une série de vastes plateaux montagneux, séparés entre eux obliquement par des cols relativement bas.

Les nuages, incessamment poussés par les vents alizés, heurtent chaque jour ces plateaux, expliquant tout à la fois les admirables forêts qui les couvrent et la quantité d'eaux vives que, lentement, elles déversent à leur tour sur les plaines.

A chaque série de massifs correspond un système de contreforts, plateaux mamelonnés, qui vont s'étageant doucement vers la mer, tantôt couronnés de bois, tantôt couverts par la nature d'excellents pâturages d'herbes variées.

A chacun des cols naît la source qui se fera rivière, en grossissant ses eaux de la multitude des ruisseaux jaillissant de nombreuses petites vallées, entre les sinuosités des contreforts.

La vallée centrale s'élargit vers la mer, formant de grandes plaines d'alluvions, parfois plusieurs milliers d'hectares, comme celles de La Foa, Bourail, Poya, Kouë, etc.

Une pareille disposition du sol, quand il est naturellement couvert d'excellents herbages, se prête merveilleusement à l'industrie pastorale, à la grande comme à la petite ; et si nous ajoutons que la température oscille entre un minimum de 8 à 10°, et un maximum de 30 à 35°, on conçoit aisément que les troupeaux aient pu, dès le début, prospérer en liberté, presque sans soins, et s'accroître jusqu'à la surcharge dans une île privée d'exportation.

Un court historique de la question nous montrera son intérêt dans le passé, son utilité dans le présent, et son rôle dans l'avenir.

Race bovine.

Le capitaine Paddon introduisit vers 1850 les premières têtes de bétail; mais les importations d'Australie ne prirent une sérieuse importance que de 1862 à 1865. La réussite fut, dès le début, si complète, que nous voyons dès l'année 1867 les recettes du Domaine atteindre le chiffre de 44,450 francs, formant le quart des ressources totales de la colonie.

Le tableau suivant marque éloquemment le degré croissant de la faveur qu'obtint l'industrie pastorale; notons qu'elle était seule en cause dans les recettes du Domaine, les propriétés agricoles ne formant encore que des quantités négligeables.

Les nombres sont portés en chiffres ronds pour l'abréviation du tableau.

	1867	1869	1871	1873	1875	1877
	Fr.	Fr.	Fr.	Fr.	Fr.	Fr.
Subvention métropolitaine.	217,000	217,000	363,000	400,000	400,000	457,000
Total de toutes les recettes locales autres que celles du Domaine.	152,000	217,000	300,000	784,000	1,230,000	1,736,000
Produit de l'impôt foncier et du Domaine.	44,000	59,000	170,000	320,000	575,000	904,000
Total du budget des recettes.	413,000	493,000	833,000	1,504,000	2,205,000	3,097,000

On voit que, si les progrès de la colonie augmentent rapidement, les ressources du budget local, l'extension de l'élevage, qui forme seul encore toutes les recettes du Domaine, l'emporte de beaucoup, et constitue la principale, j'allais dire l'unique cause du progrès. Pendant cette période décennale, les services publics payèrent la viande à des prix variant entre 1 fr. 65 et 1 fr. 40 le kilo. Les éleveurs reçurent en moyenne 1 fr. 25.

L'année 1877 marque l'apogée de l'élevage. Les importations de bétail australien ont pris fin. La production des 80,000 têtes de bétail que possède la colonie suffit à sa consommation. Les troupeaux, soigneusement gardés, fournissent à la boucherie des animaux qui n'ont rien à envier, en poids et en qualité, à leurs congénères d'Australie. La moyenne des quatre quartiers d'un bœuf abattu ne descend que rarement au-dessous de 300 kilos, et les dépasse souvent.

Enfin, la plupart des éleveurs, qui viennent en cette année de verser près d'un million au service local, habitent leur concession et se disposent à entrer dans la période agricole. Déjà un village de cultivateurs est en formation sur la propriété de M. Houdaille, à la Poya; ses voisins vont l'imiter. Un coup de foudre balaie en quelques mois cette propriété que le temps n'avait pas assise.

En 1878 éclate l'insurrection des Canaques. L'administration ne crut pas tout d'abord à la gravité du mal, parce qu'elle n'en comprit pas la cause. On a incriminé le bétail ; ce fut tout au plus le prétexte.

L'Administration est seule responsable ; elle aurait dû se rendre compte que la terre dont elle disposait si largement, sans l'avoir achetée aux Canaques, ne lui appartenait que par une prise de possession de pure forme, et que, ne l'ayant pas payée, il fallait la conquérir.

Les indigènes nous le rappelèrent dûrement !

Toutes les propriétés isolées furent pillées, brûlées, et bien peu de leurs habitants échappèrent au massacre. Les animaux, traqués avec acharnement, se dispersèrent dans les bois.

Des mois se passèrent sans qu'il fût possible de réoccuper les stations détruites. Bien des propriétaires étaient morts sans laisser dans la colonie d'héritiers pouvant s'occuper de leurs biens ; beaucoup d'autres, ruinés et privés des ressources indispensables pour refaire leurs installations, durent laisser le bétail se multiplier à l'état sauvage.

C'est le commencement de la dégénérescence de la race ; les mâles, très nombreux, fatiguant des femelles trop jeunes, ne donnaient plus que des bêtes rachitiques et sauvages, qui devaient produire à leur tour une génération inférieure.

Quelques propriétaires cependant furent assez heureux pour pouvoir reconstituer leurs stations dès l'année suivante, et leur bétail, quoique atteint, put être repris assez tôt pour ne pas perdre toutes ses qualités premières.

Mais si l'argent manqua à beaucoup, le courage ne fit défaut à aucun.

Des années se passèrent dans cette lutte où un travail opiniâtre et souvent stérile dut remplacer tous les moyens d'action, et lorsque, à force de persévérance, le bétail fut enfin repris un peu partout, il afflua sur le marché avec un tel excès que le prix par kilo passe presque sans transition de 1 fr. 10 en 1880 à 0 fr. 70 en 1883.

Constatons, néanmoins, que, même en ces années d'épreuves, l'élevage, subitement arrêté dans sa prospérité, continue à fournir à la colonie une proportion considérable de ses ressources budgétaires.

En voici l'exposé pour la période décennale qui fait suite à notre premier tableau :

	1877	1880	1883	1885	1887
	Fr.	Fr.	Fr.	Fr.	Fr.
Subvention métropolitaine.	457,000	439,000	436,000	400,000	400,000
Total des recettes locales, autres que celles du Domaine.	1,736,000	975,000	1,030,000	1,255,000	1,136,000
Impôt foncier et Domaine.	904,000	383,000	434,000	450,000	297,000
Total du budget des recettes.	3,097,000	1,797,000	1,900,000	2,105,000	1,833,000

L'écart considérable de 1877 à 1880 est le fait de l'insurrection.

Le nouvel écart de 1885 à 1887 trouvera son explication dans la suite de notre historique.

La baisse du prix, provoquée par la surproduction, n'avait pas dépassé les limites de l'impossible, grâce au taux du contrat administratif, mais, en 1886, l'administration pénitentiaire cru profitable à ses intérêts d'exploiter la gêne des éleveurs, et, sans souci de l'avenir, elle établit, pour les fournitures de viande, un cahier des charges qui, livrant l'élevage aux spéculateurs, mit le comble aux désastres de l'insurrection.

Dès lors, le bétail est sans valeur ; soit besoin d'argent, soit découragement, les éleveurs vendent à tout prix, 40, 30 et même 25 francs la tête.

Les propriétés sont abandonnées, on y va de temps en temps ramasser au hasard ce qu'on peut capturer pour tout livrer à vil prix et sans choix ; quelquefois le prix obtenu ne paie même pas les frais de prise, et le Trésor doit prendre des atermoiements vis-à-vis des débiteurs insolvables.

De cette époque date l'envahissement des mauvaises herbes qui ont ruiné tant de pâturages et restent une menace pour tous les autres.

On songeait alors à tuer le bétail pour la graisse et la peau ; le baron Digeon, avec le concours de MM. Ch. Prevet et Cie, eut une inspiration plus heureuse ; il fonda l'usine de Ouaco pour la fourniture des conserves à l'armée française.

Malheureusement, l'usine ne put obtenir de l'État qu'un prix dérisoire, et si elle sauva momentanément l'industrie pastorale d'une ruine complète, elle ne put lui fournir les moyens de se relever.

A la vérité, elle rendit alors à la colonie l'inappréciable service de permettre aux éleveurs la rentrée du bétail sauvage et de commencer ainsi sa destruction. De plus, les prix qu'elle offrit, quoique trop faibles (0 fr. 50), fixaient du moins une limite à l'âpreté des spéculateurs.

Le tableau suivant rend compte de la part considérable de l'usine Ouaco dans les débouchés de l'élevage.

	1888	1889	1890	1891	1892	1893
	Kilog.	Kilog.	Kilog.	Kilog.	Kilog.	Kilog.
Abattage total	3,200,000	2,953,606	2,594,085	2,358,081	2,119,255	2,880.258
dont Abattage, usine Ouaco	1,749,473	1,358,971	993,172	594,316	332,859	1,906,840

	1894	1895	1896	1897	1898
	Kilog.	Kilog.	Kilog.	Kilog.	Kilog.
Abattage total	1,883,813	2,672,917	2,691,493	2,386,893	2,166,750
dont Abattage, usine Ouaco	84,550	1,267,482	1,357,335	1,083,142	1,016,534

De 1888 à 1895, l'usine accomplit sa fonction d'épuration ; le bétail sauvage fut en grande partie détruit ; mais l'élevage végéta sans progrès. Les éleveurs, ne pouvant obtenir que des prix de liquidation, n'eurent plus que cet objectif.

Cette liquidation, complète pour beaucoup, diminua sensiblement le nombre des éleveurs ; moins nombreux, mais plus forts, ils formèrent, de concert avec l'usine, un syndicat qui leur permit de faire échec à la spéculation et d'entrevoir ainsi en partie l'aurore d'une ère plus favorable.

Des évènements heureux s'accomplissaient d'autre part : les mines reprenaient leur activité, le courant d'immigration européenne s'accentuait, et l'État, comprenant mieux son véritable intérêt, permettait à l'usine de commencer le relèvement de ses prix.

Le résultat ne se fit pas attendre.

En 1896, nombre de stations se réorganisent sérieusement ; les importations de reproducteurs de pure race recommencent ; cette année marque le début d'un âge de renaissance, qui s'est affirmé en grandissant.

Nous ne passerons pas sous silence le concours et l'active sollicitude du gouverneur Feillet ; dans son zèle infatigable pour la colonisation de ce beau pays, il eut vite compris que l'élevage était une de ses richesses naturelles les plus sûres, et ses efforts, disons-le, ont grandement contribué à son relèvement. Grâce à lui, en effet, l'État, mieux éclairé, a passé avec les éleveurs un contrat qui leur donne au moins la sécurité pour l'avenir : tous sont au travail.

Examinons maintenant les méthodes d'élevage empruntées à nos voisins d'Australie qui réussirent si bien aux premiers colons ; nous verrons à mesure les modifications qu'imposent les changements de temps et de circonstances.

Une moyenne station de bétail comportait de 500 à 600 têtes pâturant en liberté sur 1,200 à 1,500 hectares. Un cavalier suffisait avec ses chiens à garder le troupeau sur un terrain enclos de barrières ; son rôle consistait à visiter chaque jour les petits troupeaux disséminés sur l'ensemble du terrain ; à les déplacer quelquefois, soit pour la meilleure utilisation du pâturage, soit pour leur donner l'habitude de l'obéissance en les rassemblant. Deux ou trois fois par an le troupeau était rentré au stokyard, sorte d'enclos formé de poteaux plantés en terre et reliés par des barres transversales. Le stokyard était divisé en plusieurs compartiments, où se faisait le triage des bêtes par catégorie.

Les jeunes veaux étaient castrés, marqués au fer chaud et immédiatement rendus à la liberté avec leurs mères. L'opération, des plus simples, est à la portée de tous les hommes de service et la mortalité consécutive absolument exceptionnelle.

La castration des vaches, inutile autrefois, parce qu'il fallait laisser croître les troupeaux, s'impose aujourd'hui à beaucoup de propriétaires, qui doivent proportionner la production à l'étendue limitée de leur terrain. Dans ce cas, il y a avantage à la castration des femelles qui donnent à la boucherie leur maximum de rendement. L'ensemble du troupeau peut être mis ainsi en coupe réglée. Cette opération n'offre, d'ailleurs, aucune difficulté; elle est journellement pratiquée par tous ceux qui s'occupent de bétail, et, faite en temps opportun, la mortalité est négligeable. Les bêtes âgées la supportent parfaitement et engraissent en un an : pratiquée sur des génisses encore jeunes, la castration en fait, à l'âge de quatre ans, des bêtes de boucherie de premier choix.

A la sortie du stokyard, le bétail était réparti par catégorie sur l'un des segments de la station — reproduction; boucherie ; sélection. — Avec le système, aussi simple qu'économique, que nous venons de décrire, on produisait constamment des bœufs qui donnaient, à quatre ans, une moyenne de 300 kilos de viande de boucherie, et les bêtes de 400 kilos n'étaient pas une rareté.

Aujourd'hui, le bétail dégénéré, et les pâturages appauvris par les causes que nous avons exposées, exigent des soins nouveaux.

Les grandes propriétés ne pourront pratiquer la méthode primitive qu'à la condition nécessaire : 1° de reconstituer les troupeaux, par une sélection éclairée, aidée de l'importation de reproducteurs de choix. La Nouvelle-Zélande, à défaut de l'Australie, fournira d'excellents sujets de race Durham ; c'est, de toutes, la mieux conformée dans ses qualités, et l'expérience locale conclut en sa faveur. Le Hereford a donné aussi de bons résultats ; c'est une race rustique, qui se nourrit bien dans les années pauvres, mais elle est de nature sauvage et surtout moins précoce que le Durham. L'Angus, qui possède un peu des qualités des deux autres races, est à l'essai, mais n'a pas encore fait ses preuves ;

2° De multiplier les paddoks, non seulement pour séparer les bêtes par catégories de destination, mais aussi pour mieux utiliser les pâturages et les reconstituer au moyen de réserves de repos, où les bonnes graines puissent mûrir et se propager. Dans ces réserves, il faudra brûler l'herbe en temps opportun, débrousser peu à peu en semant dans les fouilles du débroussage les graines dont l'expérience a prouvé la qualité. La sensitive est à ce point de vue l'une des plus précieuses ; elle se propage facilement dès qu'elle a pris pied sur un terrain ; ses propriétés nutritives sont de premier ordre et elle a surtout l'avantage d'être respectée par les sauterelles. En dehors de ces semis, il est d'expérience que, sur les pâturages usés, très envahis de mauvaises herbes, l'emploi judicieux du feu, suivi de repos, amène la réapparition spontanée des bons pâturages primitifs.

Ces divers soins nécessitent naturellement un supplément de frais, qui dépend du plus ou moins bon état de la station, mais ils seront largement couverts par le meilleur rendement du bétail.

Les grandes propriétés qui, pour une raison ou l'autre, ne pourront être aménagées de la sorte, sont condamnées à une échéance peu éloignée ; et la seule ressource du propriétaire sera de les morceler pour les livrer à la colonisation agricole. C'est à elle qu'appartient l'élevage de demain.

Avant d'aborder cet ordre d'idées, nous croyons utile de donner le tableau, en chiffres ronds, de la composition rationnelle d'un troupeau de 500 têtes, exploité en coupe réglée sur une moyenne station.

	Mâles.	Femelles.
Vaches de reproduction...	»	120
Vaches castrées........	»	40
Génisses............	»	50
Veaux et velles........	47	48
Mâles de 1 à 3 ans......	142	»
Bœufs de 4 ans........	47	»
Taureaux en service.....	3	»
Taureaux jeunes........	3	»
	242	258
	500	

On remarquera que : 1° le nombre des mâles est sensiblement égal à celui des femelles, ce qui est, dans la pratique, la proportion très exacte des naissances de l'un et de l'autre sexe ; 2° le chiffre des femelles est légèrement supérieur, mais la quantité des mâles livrés à la boucherie l'emporte ; 3° 120 vaches n'ont donné que 95 produits par an, dont 86 peuvent être livrés annuellement à la boucherie entre l'âge de quatre et cinq ans.

Avec la multiplication des paddoks que nous préconisons, le rendement sera certainement supérieur ; on le vérifie déjà sur quelques stations.

Nous avons vu qu'il fallait à peu près 3 hectares de pâturage par tête de bétail pour un grand troupeau en liberté.

L'expérience démontre que les vaches laitières très maniées, rentrées le soir, se nourrissent facilement sur moins de 2 hectares et font leur veau tous les ans. C'est que le propriétaire d'un petit terrain voit chaque jour, dans ses détails, que le débroussage est chose à sa portée et que d'ailleurs ses soins lui sont largement payés par les produits immédiats de la laiterie et des fumiers.

Nous sommes convaincus que l'élevage est une nécessité de la petite exploitation et qu'il en sera immédiatement et longtemps la plus rémunératrice et la plus utile. Nous ne saurions trop recommander au colon qui arrive en Nouvelle-Calédonie de se munir tout d'abord d'un peu de bétail ; plus il en aura, plus la période du début lui sera facile à traverser. Non seulement le bétail lui fournira une rémunération immédiate et élevée du capital qu'il y aura consacré, mais surtout, il trouvera l'outil le plus indispensable à ses travaux agricoles. N'eût-il que deux ou trois vaches, il épargnera, en les mettant au travail, un temps précieux, beaucoup de fatigue, et peut-être le découragement auquel se trouve quelquefois exposé le débutant. Aussi nous disons avec assurance au colon qui viendra pour planter du café : achetez d'abord deux vaches, si vous ne pouvez mieux, et vous ferez ensuite vos semis. Avec deux vaches de choix, qui coûteront 250 francs chacune, vous aurez deux veaux tous les ans, à 50 francs l'un, et une valeur de plus de 300 francs à utiliser sur la ferme pour la nourriture de la famille et la richesse du jardin.

Ajoutons, pour finir, que les maladies du bétail sont ici chose à peu près inconnue et que la colonie saura se défendre par de sérieuses lois sanitaires contre les invasions épidémiques de l'extérieur.

N'avons-nous pas à redouter la surproduction?

Il est évident qu'il est pratiquement impossible de faire suivre une marche parallèle à la production et à la consommation, et que, privés par notre situation géographique de la possibilité d'exporter le trop-plein, l'usine à conserves s'impose comme une soupape indispensable que l'État a le devoir de soutenir.

Ce n'est pas d'ailleurs lui demander un sacrifice, puisque la colonie peut lui fournir, sans augmentation de prix et en excellente qualité, une partie des conserves nécessaires à l'armée. Les éleveurs français n'ont pas à s'alarmer, puiqu'ils ne suffisent pas eux-mêmes à la consommation de la Métropole; d'ailleurs, notre concurrence serait des plus modestes, et reste une quantité presque négligeable, en comparaison des produits métropolitains achetés par la colonie.

Race chevaline.

L'introduction de l'espèce chevaline, en Nouvelle-Calédonie, est contemporaine de celle des premiers troupeaux de bêtes à cornes gardées par des cavaliers.

L'Australie fut leur berceau commun ; c'est-à-dire que l'espèce est issue du meilleur sang des diverses races anglaises. Les premiers animaux importés correspondent aux besoins de l'époque, ce furent surtout des chevaux de selle assez communs. Le Paddon, presque au début, introduisait un étalon de pur sang anglais et quelques bonnes juments. Plus tard, l'amiral Guillain, gouverneur de la colonie, dota la ferme modèle d'Yahoué d'un superbe étalon de pur sang anglais, qui fournit des saillies pour le public. D'autre part, la prospérité naissante de la colonie y attirait alors des capitalistes australiens ; ils importèrent avec eux quelques bons chevaux et le goût des courses.

Après quelques réunions sans grande importance, une première société fut fondée en 1865 ; elle donna des prix variant de 500 à 3,000 francs qui, joints au stimulant de l'amour-propre, amenèrent l'importation d'Australie de nombreuses bêtes de pur sang ; principalement des étalons. L'un d'eux, Tumble bee, importé en 1871 par M. Atkinson, devint, après une brillante carrière de courses, le père d'une très nombreuse lignée, absolument remarquable par la conservation de la taille, le fond et l'endurance. Nous le signalons spécialement, parce qu'il avait cela de particulier d'être le croisement d'un étalon de pur sang anglais avec une jument de pur sang arabe.

Une transformation de la société eut lieu le 6 mars 1880 ; elle devint, par souscription, *La Société anonyme des Courses calédoniennes,* affiliée au Jockey-Club australien dont elle adopta le règlement. La société possède aujourd'hui un excellent hippodrome avec des tribunes confortables ; elle distribue tous les ans, en quatre journées, de 20 à 25,000 francs de prix. C'est sans doute encore assez modeste, mais la passion du turf fait passer nos sportsman sur la modicité des prix et ne les empêche pas de présenter des chevaux de grand mérite. Le vainqueur du grand prix de 1894, renvoyé à Sydney et expédié de là à Calcutta, y fut vendu, comme étalon, pour le produit de 37,500 francs.

Le tableau suivant donne la moyenne rigoureusement exacte du temps et des vitesses pendant la période décennale de 1887 à 1897 pour les courses typiques, sans handicap et poids pour âge.

	Distance.	Temps.	Valeur du prix
Chevaux de 2 ans nés et élevés dans la colonie.	1,609 mètr.	2' 04",7	2,000 fr.
Course de vitesse pour tous chevaux.	1,200 —	1' 24",3	1,000 —
Grand Prix, étalons et juments de toute provenance.	3,218 —	3' 56",2	3,000 —

En 1898 le tableau devient :

Chevaux de 2 ans.	1,609 mètr.	1' 59"	2,000 fr.
Course de vitesse.	1,200 —	1' 18"	1,000 —
Grand Prix.	3,218 —	3' 52"	2,500 —

Chaque réunion donne lieu à l'importation de quelques pur sang qui se disputent le grand prix ; nous notons avec plaisir que, cette année, un cheval, né et élevé dans la colonie, a battu ses rivaux australiens dans une course importante sur une piste détrempée par trois journées de pluie.

En outre des courses de Nouméa, et sous le contrôle de la même société, quelques réunions très intéressantes ont lieu dans l'intérieur, notamment à Bourail.

A côté de cette aristocratie de la race soignée en vue des courses par quelques propriétaires très compétents, l'espèce chevaline plus commune est très répandue en Nouvelle-Calédonie, où elle occupe une place aussi importante par le nombre que par les services rendus.

Le cheval de selle est l'inséparable compagnon du stockman gardien de bétail ; il est le moyen le plus pratique de locomotion dans l'intérieur des terres ; il fournit la remonte de l'artillerie et de la gendarmerie dans des conditions au moins égales à celles de la Métropole.

L'élevage laisse cependant beaucoup à désirer. Si nous voyons que plus des trois quarts de la production sont, surtout par le père, des bêtes plus ou moins de sang, nous sommes obligés de convenir que la plupart des éleveurs, qui apportent cependant un grand soin au choix de l'étalon, n'accordent pas à leurs produits toute la sollicitude qui en ferait des animaux de premier ordre.

Les poulinières restent au pâturage un peu à la grâce de Dieu, sans soins, sans grains, se contentant de l'année bonne ou mauvaise. Les poulains sortant de l'herbe sont domptés à trois ans et appelés presque sans transition au service le plus pénible, avec une nourriture souvent insuffisante ; il en résulte que, tout en conservant les qualités de sang qui en font, malgré tout, de bons serviteurs, ils n'atteignent pas d'ordinaire le développement qui en ferait des bêtes de prix.

Quelques soins peu coûteux pourraient remédier à cet état de choses et faciliteraient la transplantation trop brusque du sang anglais dans un milieu trop rustique pour lui. — La race calédonienne est en voie de formation sur une souche excellente, mais délicate ; il est nécessaire que les éleveurs lui donnent les soins qui lui permettront d'arriver à l'endurance du milieu, sans perdre les qualités d'origine. Ajoutons que la démonstration en est déjà faite chez quelques propriétaires qui s'en trouvent bien.

Le prix moyen d'un bon cheval ordinaire, dans l'intérieur, varie de 400 à 600 francs ; il peut arriver à 1,000 francs, si la bête a la taille de remonte pour la gendarmerie.

Race ovine.

Le climat de la Nouvelle-Calédonie convient parfaitement au mouton, et le sol ne lui est pas moins propice, à la condition de prendre certaines précautions trop négligées par les premiers éleveurs sans expérience. La plupart des coteaux, qui lui donnent d'ailleurs de très bons pâturages, sont fournis d'une graminée (*andropagou austro-caledoniensis*), dont la graine, en mûrissant, forme une pointe aiguë et rigide qui, s'attachant d'abord à la toison, finit par pénétrer dans le corps où elle occasionne des lésions dangereuses par leur multitude. Cette graine existe en Australie et n'empêche en rien la réussite si complète de cette industrie. Il suffit, pour éviter cet inconvénient, d'avoir une série de paddoks où l'on puisse faire pâturer successivement, de façon à n'employer que ceux dont la graine n'est pas à maturité. Si la graine a mûri avant qu'on ait pu utiliser le pâturage, on le brûle et l'herbe ne tarde pas à repousser vigoureusement. Les premiers troupeaux importés furent des Leicester venant de la Nouvelle-Zélande, qui, malheureusement, introduisirent la gale. Plus tard, G. Smith, à Ouitoé, le baron Digeon à Ouaco, et M. Ballande à Baaba, importèrent d'Australie un millier de brebis de race mérinos. La race actuelle est un croisement de ces deux espèces avec prédominance très marquée de la dernière ; elle donne une laine de bonne qualité qui a même obtenu en Australie les plus hauts prix de sa classe (moyenne mérinos) et fournit environ deux kilos par an de laine en suint.

Le mouton adulte à trois ans donne de 17 à 18 kilogr. d'assez bonne viande.

On peut évaluer à 25,000 le nombre des bêtes dans la colonie, et ce chiffre s'augmentera rapidement.

En 1895, M. de Nevil importa de purs Leicester. Cette race, dépourvue de laine sur les pattes, s'accommode mieux de nos herbages, fournit une meilleure viande et plus de poids, 25 à 28 kilos. On estime que cent brebis, servies par un bélier, peuvent donner quatre-vingt-dix agneaux par an.

La gale est la seule maladie qui gêne cette espèce.

Les planteurs de café auront intérêt à se pourvoir de quelques moutons qui peuvent pâturer dans les plantations sans les endommager, à la seule condition de détruire par quelques binages les sentiers durcis par le pied des animaux.

Race porcine.

En tout projet de colonisation agricole, la basse-cour est un puissant appui à l'agriculture propre ; l'un est le complément direct de l'autre. Dans la pratique des fermes coloniales, l'élevage des porcs, volailles, canards, oies, dindes, pintades, pigeons, lapins et même des abeilles doit être considéré comme intimement lié à la culture du maïs et des autres plantes à fécule. Les animaux consomment sur place des matières volumineuses dont le transport est coûteux et donnent, en retour, de la graisse, de la viande ou des œufs qui sont éminemment portatifs. Ils rendent aussi au terrain dans leurs excréments des matières fertilisantes qui seraient autrement perdus. Ce détail peut paraître sans importance dans une colonie où la terre est vierge, mais si, à chaque année, par des récoltes successives on enlève les matières précieuses du sol, on l'aura bien vite épuisé. Pour ce service régénérateur rien n'égale la basse-cour et l'un des premiers soins du nouveau colon doit être de faire le choix d'un coin de terrain où tous les déchets, ainsi que les plumes, les os, etc., sont ramassés.

Les aminaux domestiques importés d'Europe profitent ici et s'accroissent énormément dans la brousse, même sans soins, à l'état de nature. Déjà, en 1870, les plaines de Koutio-Kouéta, près de Nouméa, étaient couvertes de troupeaux de pintades et de faisans. Aujourd'hui ils ont disparu par suite de la chasse acharnée dont ils ont été l'objet, mais partout dans la brousse les bêtes à cornes, les porcs, les chèvres abondent à l'état sauvage. En raison de la facilité avec laquelle l'élevage peut se faire, peut-on dire que le colon de la Calédonie, en général, ait su profiter des ressources de la basse-cour : évidemment non, quand on peut constater ce fait inouï que les œufs se vendent quelquefois, sur la place de Nouméa, aussi cher qu'à Paris, et que la graisse du porc indigène manque à tel point qu'on fait venir la graisse d'Europe. A quoi peut-on attribuer des faits si extraordinaires? On peut les attribuer à diverses causes, mais qui tendent heureusement à disparaître sous le nouveau régime de colonisation par l'homme libre déjà attribué aux travaux de fermes et possédant quelques fonds.

Heureusement que, par suite des conditions climatériques en Calédonie, l'élevage en général peut se faire avec une simplicité impossible en Europe. Les écuries coûteuses, les poulaillers compliqués et bien d'autres accessoires nécessaires en d'autres pays sont loin d'être indispensables ici ; au contraire, on peut prendre comme principe qu'on doit chercher, dans l'entretien des animaux domestiques, à approcher autant que possible de l'état de nature ; toutefois, il faut avoir bien soin de ne pas les laisser devenir sauvages, faute du peu de soins nécessaires, comme on a fait pour les bêtes à cornes du pays.

L'animal le plus important et qui peut rendre le plus de services aux petits colons, c'est le porc ; chaque ferme où le terrain pour le café et le caoutchouc est limité doit être voué à son élevage. Il y a une condition nécessaire au succès, négligée jusqu'à présent, c'est le choix de la race, et c'est ici que se manifeste la négligence ou l'ignorance des habitants de la Calédonie ; car, si, jusqu'à présent, l'élevage du porc n'a pas pris les proportions qu'il est appelé à prendre, c'est parce qu'on n'a pas tenu compte de ce détail, le plus important de tous. Par ci, par là, on trouve, chez un colon isolé, des porcs qui conservent des qualités favorables, mais la plupart sont dégénérés. Faute de soins et par effet d'atavisme, la race calédonienne, en général, possède la forte tête, le long museau, le vaste ventre et les longues jambes de ses ancêtres sauvages ; elle coûte, pour arriver à sa maturité, des frais de nourriture hors de proportion avec ce qu'elle rapportera en graisse ou viande. Néanmoins, en certains endroits, il existe un type bien supérieur appelé "Tonkinois"; le museau et les jambes sont courts ; l'animal est facilement nourri et engraisse bien. Cette dernière qualité est même exagérée dans cette race, car, si le premier des deux types calédoniens ne donne que de la viande, le dernier n'en donne pas assez. Il n'est réellement utile que si l'exportation de la graisse est le seul objet du fermier.

Heureusement, il existe ailleurs des espèces qui possèdent toutes les qualités nécessaires, par exemple le Berkshire, poil noir, race anglaise, bien connue en Australie, active, facile à nourrir, excessivement précoce, et donnant une chair ni trop grasse, ni trop maigre. Il y en a trois variétés : grosse, moyenne et petite. Je conseille surtout la dernière ; son maximum de poids est 80 kilos, mais à sept ou huit mois, qui est le meilleur moment de vente, il pèse de 50 à 60 kilog., c'est-à-dire précisément le poids recherché par les charcutiers du chef-lieu ; un autre point qui a son importance, c'est un poids qui facilite le transport et supprime toute chance d'accident ; il est évident, au contraire, que le transport des bêtes de 200 à 250 kil. serait une opération formidable là où les routes manquent encore.

Si la propriété se trouve près de la mer, à côté d'une presqu'île à isoler et dans le voisinage des grandes plantations de cocotiers, l'heureux éleveur n'a qu'à laisser se reproduire ses bêtes ; il est certain de trouver une fortune dans peu de temps. Les porcs, libres dans un grand enclos, trouveront la majeure partie de leur nourriture eux-mêmes ; il suffira que leur gardien les appelle matin et soir pour leur donner des cocos. Dans ces conditions heureuses, l'élevage est réduit à sa plus simple expression, le succès assuré d'autant plus que les maladies, du reste rares en Calédonie, y sont alors inconnues. Mais une propriété aussi favorablement disposée est rare, et il faut donc avoir recours à d'autres systèmes. On peut faire garder le troupeau par un gardien dans les champs et le faire rentrer le soir quand on leur donnera le supplément de nourriture nécessaire. Reste encore un système d'enclos où la nourriture est entièrement fournie par les soins de l'homme. La difficulté extrême de se procurer une main-d'œuvre intelligente et stable dans ce pays, s'oppose un peu à cette manière d'opérer. Le manque de régularité dans les heures de repas, dans la qualité de la nourriture, le manque des soins à procurer, le manque de propreté, donneront lieu infailliblement à des maladies qui enlèveront bien vite tout le troupeau. On pourrait en partie diminuer ces difficultés, si les parcs pouvaient être faits en claies portatives, faciles à enlever à un moment donné. En parquant vos bêtes ici et là, le terrain ne devient pas malsain et vous évitez des maladies ; votre terre de culture s'améliore du fumier qui y reste et les porcs trouvent une partie de leur nourriture sur place. Comme, en Calédonie, il ne faut de protection que contre les rayons du soleil et la pluie, les abris peuvent être très simples. Dans ces conditions, l'élevage donne des résultats très favorables. Le maïs, le manioc, et autres produits de ferme, même les herbes des champs, sont utilisés sur place et le transport des articles volumineux économisé. Un sac de maïs qui, vendu au commerçant comme céréale, ne produit le plus souvent que huit francs, donné au porc rend quinze francs de chair et de graisse, et il reste le fumier. Ce même bénéfice se présente pour tous les animaux de basse-cour, et si réels sont ces avantages qu'on peut parfaitement dire que lorsqu'on arrivera à joindre à la culture propre, l'élevage intelligent, le problème de la colonisation sera résolu.

Volailles.

En second rang d'importance, après les porcs, viennent les volailles. Ici encore, les conditions d'élevage laissent beaucoup à désirer ; on n'est pas plus avancé que dans les premières années de la colonisation. Par exemple, les pintades et même les dindes, lesquelles, paraît-il, étaient nombreuses en 1860, sont devenues rares, fait à regretter infiniment, quand on réfléchit à quel degré une surabondance de ces insectivores serait utile en vue de la plaie des sauterelles. Les oies, introduites dans le pays de très bonne heure par M. Knoblanch, quoique venant admirablement bien, sont peu répandues ; les canards seuls sont nombreux. Il est à noter que quelques colons entreprenants ont essayé l'introduction d'autres espèces que les barboteurs, soit le "Pékin"; une grosse race blanche.

Quand on pense à l'importance du colombier dans l'ancien temps en Europe, par suite de son utilité au point de vue de la nourriture et du fumier, il est curieux qu'on voie si peu utiliser le pigeon. Facilement nourri, d'une fécondité prodigieuse, il accompagnerait bien le plat de bœuf, seul habituel du colon. La race des pigeons voyageurs rendrait, en outre, de grands services aux gens isolés dans la brousse.

Le lapin seul ne réussit pas bien en Calédonie, et heureusement peut-être quand on pense aux malheurs qu'il a causés en Australie ; la terre, dans cette colonie, est, en général, trop argileuse et froide, ou, dans les terrains miniers, trop stérile.

Les abeilles, au contraire, se plaisent, surtout dans ces dernières régions, où les arbustes à fleurs sont abondants.

Comme c'est facile à comprendre, la volaille propre réussit merveilleusement en Calédonie ; mais, comme en bien d'autres choses, la nature a fait tout, l'homme rien. Les efforts pour améliorer la race, pour chercher le meilleur type à adopter dans le pays, ont été nuls. Quelques rares exceptions existent, mais, par suite de l'ignorance des colons, il n'y a eu aucune suite, et la question reste à l'état d'embryon. C'est ici qu'il est intéressant d'avoir l'opinion d'un expert qui l'a étudiée précisément au point de vue de la colonie et des petits colons.

M. Vitalis-Brun, lorsqu'il s'est décidé à s'expatrier ici après mûre réflexion, a choisi le Sangshau, grande race noire ; il la préfère, parce qu'elle s'accommode fort bien d'un climat chaud ; les poulets, quoique un peu tardifs, arrivent à 3 kilog. à l'âge de huit mois ; elle est pondeuse hors ligne, couve avec ardeur ; elle est bonne mère ; la chair est très blanche et délicieuse ; très familière, elle ne s'éloigne pas des habitations. M. Brun en a rapporté plusieurs de cette espèce dans le pays. C'est à espérer qu'on les conservera avec soin pour les répandre. Si, au contraire, on recherche une race exclusivement pondeuse, on ne peut mieux trouver que l'Espagnol et le Minorque, dont la dernière a déjà été importée par M. Devambez. Mais peut-être la meilleure de toutes est le grand Combattant anglais ; la poule est très bonne pondeuse et excellente mère défendant ses petits avec un courage sans pareil ; la chair et les œufs sont exquis. Très active, cette race demande beaucoup d'espace, ce que, heureusement, on peut lui donner dans une colonie ; cherchant ainsi au loin sa nourriture en vermine, elle est d'un entretien facile.

Mais ce problème de races à choisir, de soins à donner est beaucoup trop complexe pour le simple colon ; il n'a ni l'expérience, ni les aptitudes nécessaires. Même les efforts du plus intelligent individu, s'il est trop isolé dans la brousse, n'aboutiront à rien, faute de suite. Il faut absolument l'installation, dans divers centres, de fermes-écoles dévouées aux expériences de la reproduction de tous les animaux de basse-cour. Comme nous l'avons dit, la question est de haute importance, car seulement quand on sera arrivé à combiner heureusement l'élevage de basse-cour avec la petite culture, le problème du succès de colonisation en Calédonie sera résolu et pas avant.

AGRICULTURE

PRODUITS VÉGÉTAUX — AGRICULTURE

CONSIDÉRATIONS GÉNÉRALES

Les plus anciennes formations géologiques de la Nouvelle-Calédonie, constituées par des gneiss et des micaschistes, occupent la région Nord-Ouest de l'île, de Pam à la rivière Ouaïème.

Des schistes argileux et à séricite plus récents, appartenant à l'étage supérieur des terrains primitifs, enveloppent ces premières assises à l'ouest et au sud, et descendent sur la côte est, jusqu'à Houailou, couvrant ainsi près du quart de la colonie.

Au sud de Houailou, la côte est et la pointe méridionale de l'île tout entière sont formées d'un énorme massif serpentineux, dont d'importants lambeaux se sont encore fait jour sur le versant ouest, perçant les terrains secondaires qui, de Bouloupari à Voh, occupent toute cette partie de la Calédonie.

Des schistes feldspathiques ou calcaires et une zone carbonifère, divisée en plusieurs bassins, caractérisent cette formation secondaire.

L'étage tertiaire n'est pas représenté dans la colonie.

Les Iles Loyalty, la zone annulaire qui circonscrit le massif central de l'île des Pins, beaucoup d'anciennes grèves de la côte ouest abandonnées par la mer, sont constituées par une formation corallienne émergée que tend sans cesse à développer le travail des madrépores qui ont bâti l'immense récif servant de ceinture à la grande terre.

Des alluvions quaternaires occupent les vallées. Suivant les terrains où prennent leurs sources les rivières qui les ont formés, ces apports sont composés soit d'argiles et de graviers très fertiles, soit de terres ferrugineuses et magnésiennes où végètent seulement des fougères, des casuarinas et d'autres essences sans valeur économique.

Le climat de la Nouvelle-Calédonie n'est pas le même sur ses deux rivages. L'alizé du sud-est y souffle presque toute l'année, s'élevant dans la matinée pour mourir le soir. Il frappe de front la côte est de l'île, heurte les massifs du centre, et, contournant la pointe méridionale, remonte ensuite le long de la côte ouest. Ces brises, qui ont traversé tout le Pacifique, arrivent chargées d'humidité sur le versant est, et, refroidies par les montagnes, s'y résolvent en pluies éminemment favorables à la végétation.

La côte ouest, par contre, balayée par des vents en partie dépouillés de leur vapeur d'eau et que les montagnes qu'ils ont déjà tournées ne peuvent arrêter, a souvent à souffrir de sécheresses persistantes. Elles sévissent surtout d'octobre à janvier, au moment de la pousse du printemps et des floraisons et compromettent parfois certaines récoltes. C'est, en général, aux vents d'ouest que la côte occidentale est redevable de ses pluies les plus abondantes.

La formation serpentineuse du sud de la colonie, saturée de sels métalliques, n'est propre seulement qu'à la culture de certaines essences forestières.

Des schistes tenaces, naturellement couverts de graminées qu'ombrage le niaoulis, occupent une autre partie importante de la Nouvelle-Calédonie. Ces terrains nourrissent les grands troupeaux de bœufs qui ont été l'origine de la plupart des fortunes calédoniennes.

Le surplus du territoire de la colonie éminemment propre aux travaux de l'agriculture, peut se décomposer ainsi :

1° Terrains d'alluvion de La Foa, Moindou, Bourail, Poya, Voh, Pouembout, Koué et de la plupart des vallées de la côte est au nord de Thia, d'une fertilité inépuisable, continuellement fécondées et parfois malheureusement ravagées par les débordements des rivières qui les ont formées ;

2° Terres de forêts sur pied ou anciennement défrichées par les indigènes, étagées sur les pentes des montagnes ou couvrant les plateaux de l'intérieur ;

3° Lais d'anciens marais naturellement asséchés, tels que les vastes plaines de Bouloupari et de Saint-Vincent, dont le sol compact et froid peut, à peu de frais, se transformer en terres de première qualité par le drainage et les amendements calcaires;

4° Collines formées de schistes aisément décomposables, souvent traversés par des affleurements de grès, s'étendant sur une partie considérable de l'ile et appelées dans l'avenir à constituer sa principale richesse agricole ;

5° Anciennes plages abandonnées par la mer, formées par conséquent de silices et de calcaires, utilisées déjà pour la culture en grand de la luzerne et que des apports d'argile pourraient encore singulièrement améliorer.

Indiquer les surfaces respectives de ces diverses fractions du sol calédonien, est, pour le moment impossible : le levé topographique de l'île n'est pas encore achevé et les terrains déjà délimités n'ont été l'objet d'aucune classification. Mais ce n'est pas s'aventurer assurément que, sur une surface totale de 2 millions d'hectares, d'évaluer à 400.000 hectares la partie du sol de la colonie susceptible de culture fructueuse. Pour nourrir ensemble une population de 350.000 habitants, la Martinique et la Guadeloupe, dont la contenance totale ne dépasse pas 250,000 hectares, ne disposent guère que de 100,000 hectares cultivables. Ce rapprochement suffit pour montrer quel essor pourrait prendre à bref délai le peuplement et la mise en valeur de la colonie, si le courant d'émigration française, qui va se perdre sans profit pour la Métropole dans des contrées étrangères, répondait à l'appel du gouverneur et se dirigeait, en partie seulement, sur la Nouvelle-Calédonie.

Allongée du nord au sud, sur plus de 400 kilomètres, s'étageant du rivage, sur une altitude moyenne de 400 mètres et baignée par deux océans, la Nouvelle-Calédonie possède sur ses deux côtes et à diverses hauteurs, des climats assez variés pour permettre à la fois la culture de bien des plantes de la zone tempérée et de toutes celles des tropiques qui n'exigent pas une chaleur humide et continue.

Le pêcher, le figuier et la vigne se mêlent, dans ses vergers, à l'oranger, au bananier et au manguier ; et, dans les jardins, les légumes d'Europe et ceux des pays chauds poussent côte à côte.

Pour les animaux de basse-cour (volailles, oies, canards, dindons, pigeons, pintades, lapins, etc.) acclimatés dans la Calédonie avec une étonnante facilité, ils se multiplient sans aucun soin et passent même fréquemment à l'état sauvage.

Nous avons trouvé des abeilles en Nouvelle-Calédonie ; leur miel délicat figure sur toutes les tables de la campagne et elles pourront contribuer dans l'avenir à la fécondation si malaisée de la vanille.

Le maïs, la luzerne, la canne à sucre, l'indigo, le riz, toutes les variétés de haricots, le blé, la vigne, les pommes de terre, les patates, le manioc, le bananier, le cotonnier, l'agave, le cocotier, le mûrier, le cacaoyier, dans le nord de l'île, la vanille, d'autres plantes à parfums, et enfin le caféier, telles sont les cultures qui paraissent destinées à enrichir la colonie.

FLORE NATURELLE : SES RESSOURCES

Lors de la prise de possession, la Nouvelle-Calédonie comptait une population indigène fort nombreuse, dont les tribus étaient installées en villages. Ces villages, placés dans les vallées fertiles, étaient le centre des cultures indigènes dont on voit encore les vestiges : dans les parties basses, ce sont des sillons espacés par de larges endos ; sur le flanc des montagnes, des échelons ingénieusement irrigués pour la culture des taros qui, avec l'igname, formaient les éléments primordiaux de la production agricole. Les cocotiers et les bananiers abritaient les cases : ils étaient l'objet de soins culturaux.

Les bois des cases étaient coupés dans les brousses avoisinantes, et c'est dans les forêts de l'intérieur que les naturels allaient chercher ces gros arbres desquels ils constituaient les pirogues.

La flore de la Nouvelle-Calédonie a été esquissée dans son ensemble, par les travaux de Mettenius, Labellardière, Brongniard et Gris, Plancher et Sébert, Fournier, Vieillard, Bescherelle, Bureau, Deplanche, Balansa, von Müller, Baillon, Moore, Pierre Heckel, etc.

Un agent de cultures, M. Jeanneney, qui nous servira pour l'énumération rapide de cette flore, dit : « La caractéristique générale de la flore insulaire tropicale est plus particulièrement indo-asiatique ; ses affinités naturelles sembleraient cependant devoir être orientées vers la flore australienne. »

S'il est vrai que la flore calédonienne ait des points communs avec la flore australienne, cette dernière, qui s'étend sur plus de 45 degrés de latitude sud et couvre des étendues de terrains fort différents, ne saurait donner une idée nette de la première. Les cultures possibles en Australie, les acclimatations qui s'y sont faites ne sont pas pratiques en Nouvelle-Calédonie : celle-ci offre des richesses autres, plus condensées, et l'avenir n'en est pas le même.

Il est regrettable, à tous les points de vue, que les ouvrages publiés sur la flore calédonienne ne comportent guère que des données purement scientifiques, à la portée des spécialistes. Les caractères botaniques ne remplacent pas, pour le colon, pour l'homme d'action, ce qu'un simple croquis colorié, accompagné du nom indigène, montre aux yeux du premier intéressé venu, et les travaux considérables des botanistes sont en partie perdus, manquant de l'utilité pratique qui devrait être, de nos jours, leur objet principal.

I. — Essences des forêts. — Arbres divers.

Une seule forêt est mise en œuvre; c'est celle de la baie du Sud, exploitée par l'administration pénitentiaire : un certain nombre de bois de cette origine figurent, travaillés, à l'Exposition.

Cocotiers (*Cocos nucifera*). — Il croît en abondance et sa culture réussit fort bien dans les plaines sablonneuses. Le rôle de cet arbre est considérable : l'amande est comestible; dégagée de l'enveloppe et séchée, elle constitue le coprah, produit oléagineux d'un grand commerce. On a utilisé, à une époque encore rapprochée, la bourre peignée qui enveloppe la noix, pour le remplissage des doubles parois des navires, et cette bourre constitue une fibre très employée pour la confection des tapis, brosses, de balais et autres objets de sparterie qui sont fabriqués dans les maisons de détention en Belgique. Un arbre soigné rapporte au bout de huit ans. Chaque pied donne en moyenne 150 noix par an ; il faut environ 6,000 noix pour livrer une tonne de coprah. On estime à 600 à l'hectare la quantité de cocotiers qu'on peut planter.

Palmiers. — On rencontre dans les vallées quelques espèces indigènes, dont la plus intéressante dans le nord de la colonie ; c'est l'areca sapida (*kipé* des indigènes).

Pandanus. — Ils sont très nombreux sur le bord des rivières et dans les vallées fraîches ; les feuilles de la plupart de ces espèces sont utilisables et contiennent des fibres assez solides pour la confection des sacs, des nattes et des chapeaux.

Cycas. — Leurs stipes élégants font l'ornement des forêts de la Nouvelle-Calédonie ; le *Cycas circinalis* se trouve, soit sur les plages du sud, dans les estuaires des rivières de l'ouest, soit dans les forêts élevées de l'ouest. Les fruits comestibles, étant cuits, fournissent une fécule passable.

Conifères. — Les conifères de la Nouvelle-Calédonie sont des espèces spéciales à cette île.

Voici les principales variétés :

Dammara Moorei, géant de l'espèce ;

Dammara Ovata;

Dammara Metea, propre à la plaine des Lacs ;

Araucaria Cooki ; c'est le plus usité. Le bois, d'une densité moyenne de 0,514, est blanc, à grain fin; les fibres en sont légèment spiralées, ce qui en rend le sciage difficile et les planches raboteuses ;

Podocarpus N.-Caledoniæ, donne un bois rouge, dur et lourd comme celui de l'if;

Podocarpus excelsa ou faux Raori.

Bois de fer. — C'est le nom vulgaire du *Casuarina equisetifolia* ou *Nanoui* des indigènes. La densité du bois ainsi désigné varie de 0,983 à 1,013. Le plus dense (1,701) est le *Casuarina Deplanchei* qui a l'aspect du pin parasol d'Italie. Il habite de préférence les montagnes ferrugineuses : l'écorce en est riche en tanin. Ce bois est employé par les éleveurs à faire des barrières, mais il a peu d'usage.

Légumineuses. — Cette famille est largement représentée dans les forêts de la Nouvelle-Calédonie et toutes les espèces introduites s'y sont promptement acclimatées. Voici les plus intéressantes en tant qu'arbres :

Erythrine (*Erythrina Glanea*). — C'est un arbre de moyenne taille qui se rencontre dans toutes les vallées humides et particulièrement au bord des rivières ; on le désigne souvent sous le nom d'arbre à piquants, parce que ses branches sont garnies de longues épines. Le bois est blanc, de médiocre qualité, fort cassant. On a proposé l'érythrine comme un abri pour les caféiers, en raison de ce qu'il perd ses feuilles ; mais bien des planteurs, qui avaient établi leurs caféières sous l'ombrage de ces arbres, s'en sont débarrassés à cause des dégâts que causent les chutes des grosses branches lors des coups de vent.

Bois noir (*Acacia Lebbeck*), acclimaté, pousse vite et donne un bon bois de charronnage. C'est, jusqu'ici, le meilleur abri pour les plantations de café ; il perd ses feuilles dans la saison fraîche et reprend son ombrage épais avec les chaleurs. Dès le soleil couché, ses feuilles se ferment et l'arbre laisse ainsi pénétrer la fraîcheur de l'air, pendant la nuit, sur les caféiers qu'il a abrités, le jour, contre les ardeurs du soleil.

Tamarinier (*Tamarinus indica*), coesalpinée qu'on suppose introduite et qu'on retrouve dans le nord de l'Australie. C'est la pulpe acide de ses gousses qui fournit la drogue médicinale connue sous le nom de tamarin et qui doit ses propriétés à certains composés d'acide formique et d'acide butyrique. C'est, sous les tropiques, un des arbres paysagers les plus remarquables.

Flamboyant (*Poinciana regia*) est également introduit; son bois est cassant, mais l'arbre, qui se couvre de fleurs rouges, est essentiellement ornemental, pendant la saison chaude.

Cassie (*Acacia Farnesiana*). — C'est une mimosée cultivée dans les Alpes-Maritimes pour le parfum exquis de ses fleurs; en Nouvelle-Calédonie, c'est un fléau à cause de l'envahissement des pâturages, où cet arbrisseau forme des fourrés impénétrables, très difficiles à détruire. Comme ses congénères australiens, l'écorce de la cassie est riche en tanin et, comme ceux d'Afrique, l'arbrisseau exsude une gomme semblable à la gomme arabique.

Kohu, tel est le nom donné par les indigènes à une mimosée qui croît sur les coraux émergés; c'est un arbre qui s'élève à 8 ou 10 mètres de hauteur et qui, par les botanistes, semble appelé *Intzia Melibœi*. C'est un joli bois d'ébénisterie.

Faux gaïac (*Acacia spirorbis*) est également une mimosée odorante, dont les phyllodes imitent les feuilles de niaouli. L'arbre croît dans les sols les plus pauvres; il en est la caractéristique. Son bois, d'une densité moyenne de 1,074, est brun foncé, à grain très serré, excellent pour le tour. Il est très recherché pour faire des poteaux de barrières, étant l'un des plus durables.

Beaucoup d'autres arbrisseaux de la famille des légumineuses peuvent être utilisés pour les fourrages.

Niaouli. — Cet arbre, de la famille des myrtacées, est caractéristique de la Nouvelle-Calédonie, comme l'eucalyptus, son congénère, règne sur la côte australienne. Il appartient au genre *Melaleuca* et il offre plusieurs espèces, dont la plus répandue est le *Melaleuca viridiflora*. Il fleurit en juin et en janvier; son bois est excessivement dur (densité 1,102) et il se travaille bien. Sur place, il est recherché pour faire des poteaux de barrières et pour la construction des stockyards.

Le Niaouli est souvent un très gros arbre; son écorce se lève en feuilles nombreuses et l'on s'en sert pour couvrir des abris provisoires.

Tout ce qu'on a dit et écrit des propriétés assainissantes de l'eucalyptus est plus accentué encore du niaouli, auquel on attribue, avec raison, la salubrité exceptionnelle de la Nouvelle-Calédonie.

L'infusion des jeunes pousses de niaouli est un thé fort employé pour la guérison des rhumes et le soulagement des bronchites.

Les propriétés antiseptiques de l'essence qu'on retire par la distillation des feuilles, ont, depuis quelques années surtout, fait substituer, dans la thérapeutique, l'essence de niaouli aux essences de cajeput et d'eucalyptus.

Chêne gomme (*Spermolepis tannifera*). — C'est une myrtacée aussi répandue dans les sols ferrugineux que le niaouli, dans les terres schisteuses. C'est un des bois durs de la colonie : solide, fibreux, presque incorruptible ; il est rougeâtre et pâlit avec le temps.

Gommier (*Spermolepsis rubiginosa*). — Cet arbre, de la famille des myrtacées, laisse écouler un suc blanc, laiteux, à étudier ; le bois violacé, à grain fin, se travaille bien.

Un autre gommier est fourni par le genre *Cordia* de la famille des cordiacées. Les fruits du *Cordia sebestana* sont gonflés d'une gomme spéciale à étudier ; ses fruits sont propres à l'alimentation des porcs. L'écorce donne un bon textile. Le bois est gris, et se conserve bien.

Pommier canaque (*Eugenia Blackenridgei*). — Comme toutes les espèces de ce genre, arbres ou arbrisseaux, ses fruits auraient une valeur comestible supérieure, s'ils étaient soumis à la culture et perfectionnés par la sélection et par la greffe.

Jamlongue (*Syzygium jambolanum*). — C'est un bel arbre d'ornement dont le bois peut être utilisé ; il croît vite et ses fruits comestibles, semblables à une grosse olive violette, peuvent fournir une sorte de vin.

Pomaderris. — Cet arbre, du genre *Rhamnus*, fournit un bois dur, grisâtre, un peu violacé au cœur, densité 0,843.

Hêtre gris. — Ainsi est désigné le bois fourni par le genre *Grevillea*, de la famille des Protiacées, et représenté, en Nouvelle-Calédonie, par plusieurs espèces très remarquables comme originalité, comme coloration et comme finesse de grain. Le plus beau bois de la colonie est le hêtre noir (*Stenocarpus laurifolius*) dont la densité est 0,985. L'aubier est jaunâtre, peu épais, noir rougeâtre, à mailles rouge-orangé régulières.

Noyré. — Tel est le nom indigène du *Bielschmeidia Bailloni*. Cet arbre croît dans les ravins humides; le bois a une densité égale à 0,764; l'aubier est mou et blanc, le cœur dur, noirâtre, d'un grain assez gros. Sec et verni, il a l'aspect du vieux noyer.

Palétuviers. — Ces rhizophorées sont précieuses, à la Calédonie : garnissant les rivages de la mer sur presque toute la côte ouest, elles y fixent les vases et font émerger de nouvelles terres. C'est sur leurs branches que s'attachent les colonies d'huîtres comestibles. Les palétuviers présentent deux genres principaux : le *Bruguiera Rhumphii*, qui atteint 10 m. de hauteur; son bois est rouge, veiné, superbe sous le vernis; le *Rhizophora mucronata*, moins élevé, mais offrant un bois plus fin. L'écorce de palétuvier est l'une des plus riches en tanin que l'on connaisse; malheureusement, on n'a pas pu, jusqu'ici, isoler suffisamment la substance rouge qui l'imprègne intimement.

Santal. — C'est la présence de ce bois précieux qui a provoqué le premier commerce avec les indigènes et qui a attiré les premiers marins qui se soient installés en Nouvelle-Calédonie. Le Santal (*Santalum austrocaledonicum*) est devenu très rare par suite du défaut de réglementation à son exploitation.

Aralia. — Ce genre, qui comprend de nombreux spécimens, fournit un bois blanc à grain fin, susceptible d'un beau poli. Ce serait surtout un bois propre à l'emballage.

Papayer. (*Carica papaya*). — Cette plante, utile entre toutes, n'est pas, à proprement parler, un arbre, car elle ne possède pas de bois. Le papayer croît avec la plus grande facilité en Nouvelle-Calédonie et dans tous les sols. Le suc laiteux qu'on extrait par incision de toutes les parties du végétal contient, d'après M. Vinson, de l'albumine végétale, de la gomme, une résine spéciale d'un blanc opalin un peu analogue à la cire, une matière grasse et différents sels alcalins et chalciques. La résine spéciale, d'abord désignée sous le nom de caricine, puis sous celui de papaïne, est une sorte de pepsine végétale; elle facilite la digestion; on l'a employée avec succès pour détruire les fausses membranes de la diphtérie. Les fruits, très abondants, semblables à de petits melons lisses, ont un goût d'abricot et sont très agréables sous toutes les façons; ils sont éminemment digestifs.

CHÊNE BLANC. — Le bois qui porte ce nom est fourni par une saxifragée, le *Weinmannia parviflora*. Cette famille offre diverses espèces dont les bois sont propres à l'ébénisterie, tel le FAUX TAMANOU (*Geissois montana*).

FIGUIERS. — Le genre ficus est largement représenté dans la flore néo-calédonienne. Parmi les espèces les plus répandues, nous citerons :

Le *ficus aspera*, qui donne une gomme transparente, vésicante, quand elle est fraîche ;

Le *ficus granatum* (*oua* des indigènes), qui produit de grosses figues comestibles, mais sans grande saveur.

Le *ficus prolixa*, BANIAN, qui est un des plus gros arbres de la colonie. Le banian est connu par l'espace considérable qu'occupent ses branches, d'où descendent des racines adventives nombreuses qui, lorsqu'elles ont touché la terre, constituent comme des troncs nouveaux. Les banians fournissent aux indigènes des fibres et, par le battage de l'écorce déroulée, une sorte de tissu feutré, très doux et très chaud, qui leur sert de manteau. Si l'on incise l'écorce, il s'écoule un latex à caoutchouc de bonne qualité. L'exploitation des banians à ce point de vue ne saurait être autorisée que dans des conditions de réglementation très sévère qui les protège contre la destruction.

ARBRE A PAIN. (*Artocarpus incisa*). — La Nouvelle-Calédonie est le point le plus éloigné de l'équateur où on le rencontre à l'état sauvage. La croissance en est rapide. Le bois en est brunâtre, à grain fin. Il est précieux pour la charpente. Les fruits, très volumineux et ayant quelque analogie avec ceux des mûriers, contiennent une grande quantité de fécule; c'est une ressource pour la nourriture des porcs. Le JACQUIER (*A integrifolia*) a été introduit avec succès dans la colonie.

HIBBERTIA. — Ce genre et celui TRISEMMA, de la famille des Dilleniacées, fournissent des bois d'ébénisterie.

Zygogynum pomiferum et Drymis glaucescens sont les représentants indigènes de la famille des magnoliacées.

Citronnier. — Le *Citrus histrix* est la seule espèce qui représente les aurantiacées.

Manoué, nom indigène d'un grand arbre, assez commun dans les sols ferrugineux (*Flindersia Fournieri*).

Milnea (*Milnea austro-caledonica*) croît sur les bords de la mer. Il fournit un bois rouge foncé très dur; c'est l'un des plus beaux bois qui se rencontre en Nouvelle-Calédonie. Une douzaine de genres de la famille des miliacées fournissent des bois remarquables. Une espèce a été importée, c'est le lilas des Indes, *melia azedarach;* cet arbre mérite d'appeler l'attention ; il donne un bois dont les propriétés d'élasticité rappellent celles du frêne.

Prunier canaque (*Ximenia elliptica*). — C'est un arbrisseau qui croît près de la mer et qui produit un fruit vert assez semblable à une prune dont l'amande exhale l'odeur d'amande amère.

Goudronnier (*Rhus atra*). — C'est un arbre de la famille des anacardiacées, dont le bois léger peut être utilisé. La sève de cet arbre est éminemment corrosive et forme sur la peau des plaies difficiles à guérir.

Bancoulier (*Aleurites integrifolia, A. angustifolia*). — C'est un bel arbre dont la feuille rappelle celle du faux platane (sycomore); il croît en abondance sur certaines collines et il fournirait de belles planches d'un bois blanc léger, si l'on savait le travailler. Il produit une noix riche en huile (noix de bancoul) dont l'amande est purgative.

Le pignon d'Inde a été introduit. La famille des euphorbiacées est largement représentée dans la flore indigène, dans les espèces arborescentes comme dans les espèces herbacées. Les diverses variétés de croton abondent aux Nouvelles-Hébrides.

Bourao. — La famille des malvacées joue dans la flore indigène un rôle important. Le bourao (*Hibiscus tiliaceus*) présente de nombreuses variétés qui toutes reprennent et croissent facilement; les bouraos fournissent un bon et beau bois jaune, à veines noires ouvertes. L'écorce est textile ; pour l'agriculture elle donne d'excellents liens.

Bois de rose (*Thespesia populnea*). — Cet arbre devient rare. C'est également une malvacée dont le bois connu, rouge, à veines noires et roses, exhale, quand il est fraîchement coupé, l'odeur qui lui a valu son nom.

Cerisier bleu. — Sous ce nom, on désigne, à cause de leur port et des baies bleues qu'elles produisent, différentes variétés d'*Elœocarpus* et quelques autres genres de la famille des tiliacées. Tous ces arbres fournissent des bois de grande dimension propres soit à la menuiserie, soit à la charpente.

Tamanou (*Calophyllum inophyllum*). — C'est un arbre superbe, au bois rose, brunissant avec l'âge, dur, fibreux, veiné, de longue conservation ; il est difficile à raboter. De l'écorce sort une résine jaune verdâtre, d'une odeur agréable, qui a été étudiée par M. Heckel. On distingue le tamanou de plaine et le tamanou de montagne.

Houp, *Montrouziera spheraeflora*, est également un arbre de la famille des tiliacées : il donne un bois dur, nerveux, jaune rougeâtre, veiné, à grain fin.

Ebénier (*Diospyros tomentosa*), comme tous les genres de la famille des ébénacées, propres à la flore indigène, fournit un bois blanc, infiltré de noir, dont le cœur, en vieillissant, fournit un ébène utilisable.

Olivier. — L'*Olea Thosetii*, propre à l'île des Pins, donne des olives comestibles quand elles ont macéré dans l'huile.

Azou et Bugny sont deux arbres qui fournissent les bois les plus connus parmi les espèces de la famille des sapotacées. Le bois d'azou est dur, lourd, jaune, à grain très fin, imitant le buis.

Faux kaori (*Leucopogon dammarifolium*), qui fournit un bois d'ébénisterie, est un genre de la nombreuse famille des épocridées qui remplace, dans la flore indigène, celle des éracinées.

Lantana (*Lantana aculeata*). — Cette verbénacée arbustive est malheureusement trop répandue dans le pays dont il envahit les pâturages et même les cultures. Ses graines osseuses sont rapidement propagées par les oiseaux. La collection des lantanas est complète, elle offre toutes les variétés du blanc aux plus vives couleurs; la feuille exhale, froissée dans les doigts, une légère odeur de cassis et la fleur est odorante.

Jasmin. — Les forêts et les bois sont remplis de diverses espèces de jasminées à odeur très fine.

Duboisia myoporoides est un genre, très commun dans la colonie, de la famille des scrofulariées; le bois en est assez bon.

Apocynées. — Cette famille offre de nombreux échantillons dans la flore indigène; la plupart secrètent des latex qui sont généralement considérés comme dangereux, mais qui pourraient trouver des appropriations avantageuses. Les principaux genres sont :

Le *Taberna montana cerifera* dont les bourgeons sont couverts de cire;

L'*Alyxia disphaerocarpa* à fleurs très odorantes;

Un *Alstonia*, appelé « mouin » par les indigènes;

Le *Cerberiopsis candelabra* qui exsude un latex coagulant à la façon de la gutta-percha;

Le *Fagrea grandis*, appelé aussi poirier, à cause de la forme de ses fruits; ses fleurs, d'un blanc jaunâtre, exhalent une odeur de tubéreuse;

Le *Cerbera manghas*, Chawa de l'île des Pins, et Boulé de la Grande Terre, arbre d'un beau vert qui croît dans les terrains madréporiques; les fleurs exhalent une odeur délicate; les fruits sont vénéneux;

L'*Alstonia plumosa*, commun au bord des cours d'eau, et qui doit son nom à l'aigrette soyeuse qui surmonte ses graines.

Gardenias. — Ils semblent spéciaux à la colonie; les espèces en sont nombreuses.

A cette énumération, il faudrait joindre les différents spécimens qui représentent, dans la flore indigène, les familles suivantes : Pittosparées, Sapindacées, Zanthoxylées, Hicinées, Myrsinacées, Bégnoniacées, dans lesquels on trouvera des ressources en bois de travail et d'ébénisterie.

II. — Plantes annuelles et herbacées.

C'est dans celles-ci que les indigènes ont trouvé leur alimentation et que s'est exercée leur industrie agricole rudimentaire. Nous allons passer les principales espèces en revue, car les esprits industrieux peuvent y rencontrer des éléments de production commerciale.

ALGUES. — Elles sont largement représentées dans les eaux limpides de nos côtes, où toutes les espèces peuvent croître, soit dans les zones agitées des récifs, soit à l'abri des petits atollons madréporiques.

Les sargasses, les fucus, les goëmons rejetés par les marées et les vents sur nos côtes, y forment, par endroits, d'immenses amas, que l'on pourrait certainement utiliser comme engrais ou comme matière première pour l'extraction des iodures et des bromures.

CHAMPIGNONS. — Sur les coteaux dénudés on rencontre des Lycoperdons, quelques Bovista et le curieux genre Mitromyces, assez rares. Dans les fourrés plus humides, quelques Clathres élégants, des Mytilla et un assez grand nombre de Bolets comestibles, mais peu connus. Des Polypores nombreux : une espèce très brune, sur le Niaouli, une autre, très blanche, sur le chêne gomme, donnent de très bon amadou. L'oreille de canaque (*Peziza auricula Judæ*) qui s'exporte en assez grande quantité, se récolte sur les bois morts, dans toutes les forêts ; les Chinois en font une grande consommation. L'Agaricus edulis est assez commun.

LICHENS. — D'espèces très nombreuses, ils ont été très peu étudiés. On peut citer deux espèces d'arseille : le *Lecanora fuscifolia* et le *Cenomyce coccinea*.

MOUSSES. — Très abondantes, elles n'ont pas été étudiées.

LYCOPODES. — On trouve les *Lycopodium cernuum, Mirabile, Wildenovii, Lepidophyllum* et la *Selaginella Wildenovii*. A Prony, on rencontre fréquemment le *Lycopodium clavatum*, si usité en pharmacie.

Fougères. — Cent soixante espèces environ sont connues, depuis la plus petite jusqu'aux belles fougères arborescentes, dont les frondes s'élèvent à 20 mètres de hauteur.

Graminées. — M. A. Jeannency dit que les graminées constituent les trois cinquièmes de la végétation en Nouvelle-Calédonie.

Les graminées manquent presque entièrement dans les argiles ferrugineuses des soulèvements serpentineux. Les plus répandues sont :

L'*Andropogon austro-caledonicum,* à rhizomes rampants, pouvant remplacer le chiendent ;

L'*Antropogon schœnanthus* ou citronelle. Cette graminée a été introduite dans la colonie ; c'est une plante aromatique, cultivée aux Indes où on la distille ; l'huile distillée est vendue dans le commerce sous le nom d'essence de géranium ;

L'*Andropogon muricatum* ou vétivert, qui a été depuis longtemps introduit et qui peut être cultivé pour la préparation de l'essence ;

Le *Zoysia pungens ;*

Les *Xerochloa barbata* et *imberbis ;*

Les *Coix arundinacea* et *lacryma ;*

L'*Erianthus floridus ;*

Le *Cenchrus anomoplexis ;*

Le *Centhrotheca lappacea ;*

Le *Chloris truncata ;*

Une *Imperata ;*

Et, des *Poa* et des *Oplismenus.*

Tous les bambous se multiplient aisément.

Aracées. — Au premier rang, on doit signaler la *Colocasia esculenta* ou *taro*, que les indigènes cultivent avec le plus grand soin, dans des fossés artificiels où ils amènent l'eau courante, de très loin parfois. Cette famille comporte d'autres genres, et parmi ceux-ci quelques lianes utiles.

Pandanées. — Les *Pandanus* sont très nombreux en Nouvelle-Calédonie, particulièrement dans les vallées fraîches et au bord des rivières ; les feuilles de la plupart sont utilisables et contiennent des fibres longues, très solides, pour la confection des sacs, des nattes et des chapeaux.

Liliacées. — Citons la *Dianella ensifolia*, la *Dianella divaricata*, la *Dianella cærulea*. Le *Cordyline australis* et le *C. terminalis* ont des feuilles fourragères et des rhizomes comestibles et très sucrées. Les *Smilax*, connues ici sous le nom de salsepareille, ne jouissent pas des propriétés pharmaceutiques qu'on a reconnues à leurs congénères.

Amaryllidacées. — Toutes sont riches en fibres textiles. On trouve dans les bois le *Crinum asiaticum*.

Musacées. — Quelques espèces de cette famille ont dû être introduites successivement. Ces espèces sont fort intéressantes, car elles sont comprises sous les noms de *Bananier*, et elles fournissent par la culture une ressource précieuse dans toutes les parties de la plante et, en particulier, par le fruit essentiellement comestible : la banane.

Les bananiers doivent attirer toute l'attention du colon qui devra consacrer à leur culture quelques ares sur sa propriété.

Zingibéracées. — Cette famille fournit le *Curcuma longa*, appelé Safran des Indes et le *Zingiber zerumbet* dont la racine peut être employée à tous les usages du gingembre.

Orchidées. — Elles sont nombreuses en Nouvelle-Calédonie et peuvent fournir un joli choix de plantes ornementales. La vanille a été introduite.

Légumineuses. — Le pois canaque (*Dolichos luteolus*), est très répandu ; il est comestible et agréable étant frais. C'est un fourrage de bonne qualité. Le magnagna (*Pachyrhizus montanus*) est une précieuse légumineuse indigène. Cette plante volubile, à fleurs pourprées, auxquelles ne succèdent jamais de fruits, donne des fibres aussi bonnes que le chanvre. Le bétail et les chevaux en recherchent les feuilles vertes. Beaucoup d'autres doliques et des *Phascolus* procurent aux indigènes des graines et des racines comestibles, et augmentent par leurs tiges les propriétés nutritives des graminées auxquelles elles se mêlent dans les terres à pâturage.

On trouve dans les forêts, la fausse réglisse (*Abrus precatorius*), dont les tiges sont bonnes à la vannerie et dont les graines rouges vif, tachées de noir, sont connues sous le nom d'œil de crabe. Une légumineuse calédonienne, le Bonduc (*Guilandina bonducella*), très épineuse, qui croît sur le bord de la mer, a intéressé, par ses graines gris perle, très dures et brillantes MM. Neckel et Schlagdenhauffen qui y ont recherché des propriétés thérapeutiques.

Rosacées. — Une framboise indigène (*Rubus elongatus*), représente seule cette famille.

Cucurbitacées. — Dans les tribus canaques, il existe une citrouille indigène, très grosse, très résistante. Bien des espèces d'Europe ont été acclimatées et toutes sont susceptibles de l'être. Un grand nombre de gourdes croissent spontanément et sont l'objet de soins culturaux de la part des Canaques.

Népenthacées. — Le *Nepenthes ampullaria* et le *N. distillatoria*, ainsi qu'une espèce naine qui croît dans les argiles compactes et désertes des grandes hauteurs, sont communes dans le sud de la colonie.

Passiflorées. — Outre la barbadine (*Passiflora quadrangularis*), depuis longtemps acclimatée et qui donne des fruits exquis, citons la *P. glauca* à tige rampante, la *P. filamentosa*, le *Disemma aurantia*, et enfin la pomme liane, *Passiflora purpurata*.

Chénopodées. — Le *Chenopodium ambrosioïdes*, très commun, a, par son odeur très forte, la propriété de chasser les insectes. On le dit vermifuge.

Amaranthacées et Portulacées comprennent diverses espèces médicinales.

Polygonées. — Le *Muhlembeckia adpressa* donne des baies acidulées assez agréables. Dans les vallées et sur les plateaux peu élevés, on rencontre le *Poligonum imberbe*.

Urticacées. — Cette famille et celle des maracées sont riches en plantes textiles, propres à la Nouvelle-Calédonie. Voici les espèces les plus communes :

Pipturus velutinus; fausse ramie, appelée aoué, ou pahouin, par les indigènes.

Pipturus œstruano.

Pipturus niveus.
Pipturus pellucidus.
Urtica ruderalis.
Elatostemma sessile.
Bœhmeria interrupta et *integrifolia.*
Schichowskia ruderalis, pique comme l'ortie.
Broussonetia papyrifera, soigneusement cultivée dans les tribus canaques.

CRUCIFÈRES. — Les espèces indigènes appartiennent plutôt à la famille des capparidées ; citons : le *Cratæva religiosa*, le *Cardamine sarmentosa*, le *Lepidium piscidium*, le *Polanisia viscosa*.

Toutes les crucifères, et en particulier, la moutarde, s'acclimatent vite.

OXALIDÉES. — On trouve partout l'*oxalis reptans*, qui se développe bien dans les lieux humides. L'*oxalis sativa*, oseille ordinaire d'Europe, pousse très bien en Nouvelle-Calédonie.

LABIÉES. — Le *Coleus Blumie*, commun dans l'île, sert aux indigènes à teindre les pagnes en noir. On peut citer encore le *Leucas decemdentata* et un *Stachys*.

SOLANÉES. — Il est difficile parfois de distinguer les espèces depuis longtemps acclimatées des espèces indigènes ; les solanées se développent et se propagent rapidement.

On rencontre à peu près partout les *Datura* (*Datura alba-stramonium-tatula*) et différentes espèces d'aubergines, dont le développement dans certaines parties de la colonie est tel que les pâturages en sont ruinés. Quelques solanées indigènes sont intéressantes :

La *Physalis edulis*, groseille du pays, dont les fruits acidulés sont agréables ;

Le *Solanum repandum*, dont les baies sont également comestibles ;

Le *Solanum viride*, dont les feuilles se consomment en guise d'épinards ;

Le *Solanum nigrum*, ou brède marelle ;

Le piment du genre *Capsicum fastigiatum*, s'il a été introduit dans la colonie, y croît à l'état sauvage dans maints endroits, pourvu que le terrain soit frais.

Convolvulacées. — Quelques genres présentent de l'intérêt :

L'*Ipomœa turpethum*, employé en médecine sous le nom de jalap ;

L'*Ipomœa pes-capræ*, qui sert aux Canaques à faire des cataplasmes ;

Les *Convolvulus sepium*, *C. subterraneus*, *C. heterophyllus*, *C. brasiliensis*, *C. peltatus*.

La patate douce, coumala, semble avoir été introduite depuis fort longtemps ; elle est susceptible de culture et rapporte beaucoup.

Gentianées. — L'*Erythræa australis*, très voisine de la petite centaurée de France, jouit des mêmes propriétés amères et toniques.

Composées. — Elles sont nombreuses. Le *Sonchus lævis*, dont les feuilles peuvent être mangées en salade ; l'*Adenostemma viscosum*, le *Siegesbeckia orientalis*, l'*Ageratum conizoïdes*, tous trois propres aux usages médicaux. Le faux topinambour, ou herbe à cochons, est un *Helianthus*, précieux comme fourrage, propre aux bonnes terres en friches.

FLORE ACCLIMATÉE — CULTURE

Nous avons vu, en parcourant la flore naturelle, quelles étaient les plantes qui faisaient déjà l'objet de cultures indigènes. Nous allons indiquer sommairement quelles sont les essences qui ont été importées et quelles sont les cultures qui développeront l'agriculture de cette colonie à son berceau.

I. — Pâturages, Fourrages, Grains.

Pâturages. — La présence des sauterelles, dans la colonie, fait hésiter le colon à la multiplication des graminées, et son attention doit se porter de préférence sur d'autres espèces qui puissent fournir le pâturage et le fourrage nécessaires à l'entretien des animaux.

Luzerne. — Comme quelques-unes de ses congénères légumineuses, la luzerne (*medicago sativa*) est cultivée avantageusement. Sa culture exige les mêmes soins qu'en France ; dans de bonnes conditions, la luzerne donne six coupes par an. Chaque coupe produit à peu près et en moyenne une tonne par hectare. A Nouméa, la luzerne obtient un prix moyen de 14 francs les 100 kilog. pressée en balles de 50 à 100 kilog.

Sensitive (*Mimosa pudica*). — Depuis quelques années, les éleveurs ont semé la sensitive dans leurs pâturages. Quand la saison est propice, la sensitive se développe rapidement et, bien que le bétail hésite d'abord à la paître, il s'y accoutume vite et les moutons, en particulier, s'en trouvent fort bien au point de vue de l'engraissement.

Sarrazin, Buckwheat des Anglais (*Fagopyrum polygonum*), pousse très facilement et donne trois récoltes par an. Sa paille est un bon fourrage, vert ou sec, et ses grains abondants constituent une nourriture supérieure pour la volaille et pour les porcs.

Embrevade ou Pois d'Angole (*Cajanus indicus*). — Cette légumineuse a été introduite par les Malabars qui accompagnèrent les premiers colons venus de la Réunion. C'est un arbrisseau qui vient dans tous les terrains. La plante dure communément de trois à cinq années ; elle est très productive de gousses semblables à celles des haricots, mais beaucoup plus petites et renfermant des grains presque ronds comme des pois qu'on peut consommer comme tels. Les tiges constituent un excellent fourrage, très abondant.

Herbe de Para, herbe de Guinée, ainsi que les autres andropogons acclimatés (vétiver, citronelle, etc.) et le similaire indigène, *Andropogon sericeus*, réussissent très bien dans la colonie et fournissent un fourrage excessivement abondant qui est consommé en vert ; le Para exige plus d'humidité que l'herbe de Guinée.

Maïs, *Zea mays*, blé de Turquie, blé d'Inde, Indian corn des Anglais. Avec l'établissement des condamnés, en concessions, la culture du maïs et celle des haricots se sont installées dans la colonie et ces deux produits ont été longtemps la seule ressource agricole des concessionnaires. En effet, sur un sol fraîchement défriché, les rendements étaient excellents, trop considérables souvent pour la consommation locale et la production ne demandait que fort peu d'efforts et fort peu de connaissances spéciales.

Cultivé rationnellement, le maïs, dans les années propices, peut donner un revenu important. Suivant l'espèce semée et suivant le temps, le maïs vient à maturité et peut être récolté dans les 60 à 120 jours qui suivent les semailles. M. Jeanneney dit qu'on peut faire deux récoltes par an donnant, la première, un rendement de 1,500 à 2,000 kil. de grains livrables à l'hectare; la seconde, de 1,200 à 1,500 kil., soit un rendement moyen annuel de 3,000 kil. à l'hectare. Le maïs vaut en moyenne à Nouméa de 12 à 15 francs les 100 kil. Les prix, actuellement, sont essentiellement variables avec les récoltes, car, sans outillage, pour le conserver, il faut écouler et consommer à mesure des récoltes; de là, des moments de pléthore et des mois de rareté où l'on a vu le maïs se vendre jusqu'à 45 francs.

Les moyens agriculturaux perfectionnés, un ensilage raisonné, fourniront une plus-value importante dans le revenu de la culture.

Blé, riz, etc. — La culture de diverses céréales comestibles a été tentée à grands frais. Toutes les graminées croissent, mais les conditions de récolte du grain, le coût de la main-d'œuvre, pour le riz, sont des obstacles qui doivent faire réfléchir le cultivateur avant que de se lancer dans des entreprises qui, à notre avis, ne doivent satisfaire que la curiosité.

Si nous devions conseiller la culture d'une graminée, nous préférerions voir entreprendre celle du Sorgho (*Sorghum vulgare*), déjà acclimaté, et dont les services comme grains et comme fourrages nous semblent préférables.

II. — Tubercules, Rhyzomes comestibles.

Pomme de terre (*Solanum tuberosum*). — Elle a été acclimatée, mais son rendement ne paraît pas, jusqu'à présent, en permettre l'exploitation profitable.

Patate douce (*Batatas Edulis*). — Elle a été importée depuis longtemps de l'Inde et elle s'est fort bien acclimatée. La patate se propage par boutures; les sols légers lui conviennent mieux; on récolte la patate de quatre à cinq mois après sa plantation.

Entre temps, la tige peut être coupée et donnée comme fourrage. La récolte moyenne à l'hectare est de 25 tonnes de tubercules comestibles.

Topinambour (*Helianthus tuberosus*). — Jusqu'à présent, bien qu'acclimaté, les colons ne s'en sont guère occupés. D'après notre auteur, en la matière, on peut planter de 9 à 10,000 pieds à l'hectare, qui rapportent, en dehors des fanes, dix-huit à vingt tonnes de tubercules propres à la nourriture du bétail et des porcs en particulier, crus ou cuits.

Manioc (*Manihot utilissima*). — Peu difficile sur le choix des terres, le manioc demande peu de travaux préparatoires; il redoute seulement l'humidité persistante. La culture en est facile et elle serait rémunératrice si des fabriques de tapioca s'installaient en Nouvelle-Calédonie qui le travaillent à mesure de sa maturité. Les essais de fabrication faits à Bourail ont fort bien réussi et l'on est en droit d'espérer un avenir pour cette production, car le tapioca est de qualité extra. Le manioc ne peut être déterré avec profit qu'au bout de dix-huit mois; il peut demeurer en végétation de deux à trois années. Le rendement moyen paraît ressortir à 50 tonnes à l'hectare. Jusqu'ici le manioc sert principalement à la nourriture des porcs. Quelques colons en ont fait le « couai » de la Guyane et la « cassave » des Antilles.

III. — Plantes à produits d'exportation.

La population étant encore restreinte, le colon doit tendre à développer ses cultures aux plantes dont les produits — non manufacturés ou manufacturés dans la colonie — lui assureront un revenu constant.

Café. — Au premier rang de ces cultures s'offre celle du caféier. Depuis longtemps le caféier a été introduit en Nouvelle-Calédonie et l'on peut affirmer que la culture s'en développera, car le produit est bon.

En 1898, l'exportation du café a été de 342 tonnes, et l'on peut estimer que, compris la consommation locale et les quelques stocks que la baisse subite a constitués chez certains propriétaires, la production s'est élevée de 420 à 450 tonnes.

La valeur marchande du café a beaucoup varié : le prix le plus bas que les planteurs aient reçu est 130 francs les 100 kil. ; le prix le plus élevé est 270 francs les 100 kil. Si la Métropole consentait, comme il serait de toute équité, — de réciprocité à la franchise imposée aux produits métropolitains dans les colonies, — à admettre les cafés coloniaux en exemption de droits, au lieu de ne leur accorder qu'une « faveur » de demi-taxe, et, une fois la marque calédonienne connue sur les marchés français, la culture du café en Nouvelle-Calédonie assurerait un revenu à peu près normal, aux planteurs, car la qualité est spéciale.

La colonie, depuis l'arrivée du gouverneur Feillet, a consacré de grands efforts à cette culture du café : des concours ont été institués en vue de déterminer les meilleures conditions de production.

Quelques grandes caféïères existent qui peuvent servir de modèles ; deux d'entre ces caféïères produisent chacune depuis quelques années près de cent tonnes de café, annuellement. Le manque relatif de main-d'œuvre pour la cueillette limite l'importance des cultures, et il est très probable que la petite culture sera, dans l'avenir, la plus rémunératrice, à moins que les conditions économiques de la main-d'œuvre soient modifiées par des facilités données à l'immigration des indigènes des îles, sur la grande terre.

C'est surtout pour conserver l'origine du produit, que l'Union agricole a créé et déposé la marque «La Roussette» sous laquelle les acheteurs doivent exiger la livraison du café calédonien.

Il en est du caféier comme de la plupart des autres plantes; son produit est susceptible de varier d'autant plus qu'à toutes les causes ordinaires, il faut ajouter la sensibilité de l'arbuste aux influences extérieures. Aussi les appréciations varient-elles du simple au quadruple et même davantage, soit de 300 kil. à 2,000 kil. à l'hectare. L'ouverture d'un concours, par la chambre d'agriculture, a provoqué l'envoi de 28 mémoires fort intéressants ; 23 de ces mémoires ont donné le produit par hectare et la moyenne serait alors de 1,400 kilog.

La culture du caféier est une culture de longue durée, qui ne rapporte pas sensiblement avant la troisième année écoulée. Elle ne doit donc pas être entreprise exclusivement : c'est le conseil de l'expérience.

Vanille (*Vanilla planifolia*). — M. de Greslan s'est particulièrement occupé de cette culture qui tend à se développer chez les jeunes colons.

Le vanillier a été introduit en Nouvelle-Calédonie, en 1861. La plupart de nos petits bois conviennent admirablement à cette culture. Au pied des arbres se trouve généralement une grande quantité de feuilles en décomposition, formant un humus, engrais excellent pour le développement du vanillier ; celui-ci est très vigoureux et pousse admirablement. Où il n'y a pas de forêts, on crée des appuis artificiels et l'on attend que ceux-ci aient un certain développement pour planter les pieds de vanillier. L'entretien d'une vanillerie est peu coûteux ; l'élevage des abeilles aide à la fécondation des fleurs.

Un hectare de forêt, planté en vanilliers, doit donner 150 kilos de gousses sèches et marchandes.

Les cultivateurs de vanille trouveront dans la colonie des conseils pratiques pour la préparation des gousses. Celles-ci sont longues et d'odeur fine.

Thé (*Camellia thea*). — La culture du thé a été pratiquée à Canala et essayée dans diverses parties de la colonie. Sans être absolument abandonnée, elle a été négligée pour d'autres productions.

Canne a sucre (*Saccharum officinarum*). — Une grande partie du sol de la Nouvelle-Calédonie est extrêmement propre à la culture de la canne à sucre. Il existe au moins soixante variétés de cannes indigènes poussant un peu partout, les unes dans les marais, les autres dans les terres sèches.

Ces variétés ont été en partie introduites par les Canaques

avant la prise de possession. La culture en est très facile ; l'ennemi est la sauterelle : C'est ce fléau qui a causé la ruine des grandes plantations de canne qui existaient il y a quelque vingt années. Il faut convenir aussi que les six usines qui exploitaient la canne à cette époque avaient surtout en vue la production du sucre. Les grands progrès apportés en Europe et dans quelques colonies à cette fabrication ont abaissé singulièrement le prix du sucre et obligé les petites usines à vieux matériel, éloignées surtout comme la Nouvelle-Calédonie, à fermer leurs portes. Un autre avenir est réservé à la production de la canne et les deux usines qui ont subsisté : Bacouya et Saint-Louis, semblent avoir compris la voie ; c'est la production de rhum de bonne qualité.

La consommation locale du sucre peut être estimée à une moyenne de 750,000 kilog., et celle des rhums et tafias de toutes qualités, à 75,000 litres ; sur place même, il y a donc un élément de prospérité à cette industrie qui ne peut que croître ; et, si la réforme qui s'impose, au nom de l'hygiène, sur la consommation des alcools, venait à bannir, comme boisson, les alcools de distillation du produit fermenté des fécules, les colonies retrouveraient, dans la culture de la canne, l'élément de fortune que la betterave leur a fait perdre.

Tabac (*Nicotiana tabaccum*). — Beaucoup d'espèces de tabac ont été et sont encore cultivées dans la colonie, où il croît aisément. Malgré les gros sacrifices que le Conseil général s'est imposés pour encourager cette culture (plus de 700,000 francs de primes en dix ans), les produits qu'on en a retirés n'ont pas été en rapport avec ces sacrifices. Un industriel, M. Liétart, s'est appliqué à fabriquer un scaferlati passable, mais il faudrait des hommes d'une grande expérience pour produire un tabac en feuilles qui ne nécessitât pas le mélange d'un tabac étranger et qui pût satisfaire à une exportation importante, soit en feuilles, soit fabriqué, comme cela se pratique en Algérie.

Indigo (*Indigofera tinctoria*). — Plusieurs sortes d'indigotiers existent depuis longtemps dans la colonie, qui toutes croissent admirablement. L'espèce franchement tinctoriale se trouve répandue sur divers points de la colonie et, un nouveau colon,

M. Gaude, près de Canala, s'est mis depuis deux années, à essayer la production de l'indigo, tel qu'on le trouve dans le commerce ; ses efforts ont été couronnés d'un réel succès, qui présage pour l'avenir. De son côté, l'Union agricole calédonienne a fait venir de l'Inde anglaise, des graines et des documents qui permettront de voir, sous peu, se créer chez quelques colons de petites indigoteries rurales.

Caoutchouc. — Bien qu'un grand nombre de lianes et d'arbres indigènes fournissent des latex, la production naturelle ne saurait alimenter un commerce considérable sans arriver promptement à l'épuisement de la source. La grande consommation du caoutchouc exige la culture des plantes qui peuvent le produire et alimenter d'une façon constante l'usage qu'on en fait.

Depuis trois ans environ, la culture de diverses espèces a été tentée. Il n'est guère possible d'en prévoir encore le résultat. Ce qu'on peut affirmer, c'est que le Ceara (*manihot glazionii*), dont les premières graines ont été distribuées aux colons, il y a trois ans, ont parfaitement réussi, et l'on ne saurait trop encourager les cultivateurs à remplacer les brousses, dans les forêts, qui sont inutiles, par des Ceara et d'autres espèces productives d'un latex à caoutchouc.

IV. — **Plantes textiles.**

Agave. — De toutes les plantes textiles introduites dans la colonie, aucune ne nous paraît avoir un avenir cultural plus certain que celui de l'agave. En effet, cette amaryllidée, qui offre ici deux variétés, y croit avec une grande vigueur dans la plupart des terrains, et là où l'on ne saurait produire autre chose. Comme l'agave, avec ses feuilles épineuses, peut constituer des clôtures, comme elle n'exige aucun soin jusqu'à sa floraison qui est l'époque de l'exploitation, elle ne peut être que profitable.

L'agave, au Mexique, en particulier, procure de nombreux produits, entre autres le vin de Maguey ; il suffirait de lui demander seulement ici ses belles et longues fibres qui permettent la fabrication de cordages aussi solides que ceux de chanvre, et plus durables dans l'eau.

V. — Plantes oléagineuses.

ARACHIDE (*Arachis hypogœa*). — Elle est cultivée depuis plusieurs années, et particulièrement à Bourail, où une petite huilerie procure à la consommation locale une huile excellente.

RICIN (*Ricinus communis*). — Est depuis longtemps acclimaté, on en rencontre partout, et il pourrait faire l'objet d'une exploitation pour la production et l'exportation de l'huile, castor oil des Anglais.

TOURNESOL (*Crozophora tinctoria*). — Le tournesol pousse dans les jardins et il pourrait donner lieu à une culture régulière. Ses graines sont très riches en huile, mais elles peuvent être avantageusement employées à la nourriture des volailles.

CULTURES POTAGÈRES — VERGERS

Dans les considérations générales par lesquelles débute cette notice, nous avons dit que tout ce que les potagers et les vergers de France contiennent s'allie dans les potagers et les vergers de la colonie avec les productions importées et acclimatées des colonies tropicales. Il y a certainement des expériences à poursuivre ; il y a lieu de mieux déterminer les époques les plus favorables pour faire les semis, pour repiquer, etc. ; il faut une attention constante pour faire la taille des arbres fruitiers, car les saisons étant peu accentuées, la montée de la sève suit plus particulièrement la chute des pluies. C'est ainsi qu'on obtiendra, de la vigne et du pêcher, des fruits plus réguliers, et qu'en portant la culture des noisetiers, des abricotiers, des pommiers, des poiriers, etc., sur des plateaux d'une certaine élévation, on acclimatera mieux les espèces qui, jusqu'à présent, ont semblé végéter.

Ce serait, sans doute, le lieu de donner quelques notes sur la basse-cour ; un autre le fera peut-être ; ce que nous avons dit des légumes et des fruits d'Europe s'applique également bien aux animaux de basse-cour.

Juillet 1899.

LES NÉO-CALÉDONIENS

RACE — COUTUMES — INDUSTRIE

Caractères physiques.

Parler des Néo-Calédoniens, de leurs coutumes, de leurs caractères physiques, c'est aborder un sujet qui a été traité déjà bien des fois, ce qui ne veut pas dire que ce sujet soit épuisé. La nature de l'homme est si variable, si complexe qu'elle forme, pour ainsi dire, un champ inépuisable d'observations. Plus on l'étudie, plus on y trouve des points inconnus à étudier. Ne ferais-je d'ailleurs que réunir ensemble, sans y rien ajouter de nouveau, les observations consignées par mes devanciers dans les ouvrages les plus divers, que ce travail ne serait peut-être pas sans intérêt.

On a rattaché, de tout temps, les Néo-Calédoniens au groupe *Papou*. C'est un point que je ne veux pas contester; mais on me permettra de faire remarquer qu'il n'y a pas de groupe *papou* proprement dit. Prenez tous ces archipels qui s'égrènent en chapelet de la Nouvelle-Guinée à la Nouvelle-Calédonie, vous y rencontrerez les types les plus divers, depuis le *Négrito* jusqu'au *Malais*.

On a dit que les Néo-Calédoniens avaient le type papou, parce que leur chevelure faisait boule comme chez ces derniers. C'est ce que l'on appelle la tête en *vadrouille*. Mais la tête en vadrouille n'est pas l'apanage exclusif des peuplades mélanésiennes; elle se retrouve presque chez tous les nègres de l'Afrique centrale qui présentent, d'ailleurs, avec ceux de l'Océanie, des rapports frappants, tant au point de vue des caractères physiques que des coutumes et même de la langue.

Sans vouloir entrer davantage dans ces considérations, je crois qu'il serait plus exact de dire qu'il y a en Océanie des races noires qui présentent, dans leur ensemble, non seulement entre elles, mais avec les noirs de l'Afrique, des traces d'une étroite parenté, tout en conservant, pour chacune d'elles, des caractères spéciaux, qui en font autant de types différents, et que, de tous ces types, le Néo-Calédonien est un des plus purs, parce qu'il a subi moins que les autres l'influence des migrations.

Nous avons, en Europe, la race *latine*, la race *celtique*, la race *scandinave*, etc., qui font toutes partie de la même famille. De même il y a, parmi les noirs océaniens, la race des *Salomon*, la race des *Hébrides*, la race de la *Nouvelle-Calédonie*, etc., etc. Il y a même, aux Salomon et aux Hébrides, plusieurs races différentes.

Placez un Néo-Hébridais à côté d'un Néo-Calédonien. Quiconque a séjourné quelque temps au milieu de ces peuplades les distinguera immédiatement l'un de l'autre. C'est la preuve que, tout en se ressemblant, ils diffèrent sur quelques points importants.

Les Néo-Calédoniens forment un type à peu près uniforme. Ils sont de structure moyenne. M. Bourgarel leur donne $1^m,670$ de taille, mensuration confirmée par celles du bureau de l'immigration de Nouméa. Ils ont les pieds plats, les membres plus grêles et plus longs que chez les Européens.

La tête est longue, le front rejeté en arrière; les arcades sourcilières proéminentes. Ce sont des *dolichocéphales* vrais. Leurs crânes, dit encore M. Bourgarel, ont des caractères cahotés qui leur donnent un aspect farouche.

Leur indice frontal, 93,5, est plus étroit que celui des nègres de l'Afrique et moins que celui des Australiens. Leur indice orbitaire 80,6, rappelle celui des Australiens et des races préhistoriques. Leur prognathisme est considérable; leur angle facial est un des plus faibles qui soient connus.

Leur mâchoire inférieure est quelquefois développée d'une façon extraordinaire ; les incisives sont plus longues que les autres dents, caractère constaté sur des crânes présentés à la Société d'anthropologie de Paris.

Leur indice nasal, 53,06, presque mésorrhinien, les sépare des races noires et les rapproche des Polynésiens.

Ils ont les pommettes presque aussi saillantes que celles des Hottentots et des Malais, et l'on a dit, pour cette raison, qu'ils avaient des faces à soufflets.

Le nez est généralement aplati, mais cette disposition est due à une déformation artificielle. Les mères ont l'habitude d'écraser le nez de leurs enfants, à leur naissance.

Leur système pileux est très développé ; les cheveux sont noirs, tirant quelquefois sur le roux. Le poil a également une tendance à passer au roux, particularité qu'il ne faut pas confondre avec la couleur rousse obtenue artificiellement au moyen de la chaux vive, dont se servent toutes ces peuplades pour détruire leurs parasites.

On a voulu voir, dans cette particularité, des cas d'albinisme. C'est une erreur. Il y a là un signe de race qui vient probablement d'un mélange avec les Polynésiens.

Dans tous les archipels mélanésiens, on rencontre des individus aux cheveux roux, au poil chatain ; — *Nondo*, de Canala, avait la barbe rousse ; — *Tanda*, de Nakety, a le poil chatain. Il existe actuellement à Nouméa une femme d'Aoba qui a les cheveux chatains, et l'on pourrait citer de nombreux exemples semblables.

Quant à la couleur de leur peau, elle n'est pas précisément noire ; elle est d'un brun foncé qui se rapproche quelquefois du jaune et même du rouge. Aussi le terme de noir *fuligineux*, c'est-à-dire noir de suie, qu'on a appliqué à cette couleur, me parait-il absolument impropre. Je dirais plutôt noir de rouille, car il y a, dans ces peuplades, des individus qu'on prendrait presque pour des Peaux-Rouges.

Malgré leurs imperfections, les Néo-Calédoniens présentent quelquefois de beaux échantillons de l'espèce humaine, aux formes athlétiques, au visage intelligent, aux membres souples et vigoureux.

Les femmes, qu'on a représentées comme des types de laideur, ont quelquefois, dans leur jeunesse, des traits relativement fins et une physionomie agréable ; mais les soins de l'allaitement qu'elles prolongent très tard et les travaux pénibles auxquels elles sont soumises, les ont bien vite fatiguées.

Les enfants naissent généralement blancs ou presque blancs. Ce n'est quelquefois qu'au bout de plusieurs jours que la coloration noire se produit. Jusqu'à l'âge de huit à dix ans environ, leurs cheveux sont jaunes, ressemblent à de la filasse et leurs crânes présentent plutôt les caractères de la race caucasique que du type négroïde, fait également observé sur un crâne d'enfant qui avait été présenté à la Société d'anthropologie de Paris.

L'impression physique ne paraît pas produire sur les Néo-Calédoniens le même effet que sur les Européens. Ils ne sont pas aussi sensibles que nous à la douleur ; ils méprisent la souffrance. On a vu, dans leurs guerres, les blessés arracher violemment les sagayes plantées dans leur corps et n'exprimer d'autre sentiment que la fureur.

Autrefois, quand ils ne pouvaient pas se procurer quelque fragment de quartz assez tranchant pour se raser la barbe, ils se l'arrachaient.

Leurs femmes supportent mieux que les nôtres les douleurs de l'enfantement. Le capitaine Bourgey raconte que, dans un voyage que fit par terre le capitaine Marchand, de Canala à Nouméa, vers 1864 ou 1865, une femme indigène, qui suivait la colonne, accoucha en route, au Ouitchambo. Il ne lui fallut pas plus d'une heure pour se remettre en état et pour rejoindre la colonne, qu'elle suivit jusqu'à Nouméa, portant toujours son enfant, et sans occasionner le moindre retard.

État moral et intellectuel.

Ce qu'on remarque d'abord chez les Néo-Calédoniens, ce sont

les mauvais côtés de leur naturel. On a dit qu'ils étaient paresseux, fourbes, méfiants et surtout féroces ; tout cela est malheureusement vrai. Ils sont incapables d'un travail soutenu ; ils resteront des journées entières accroupis près d'un feu, les coudes sur les genoux, sans rien faire et ne pensant pas à grand'chose. C'est la vie animale qui domine.

Leur méfiance est extrême. Comme tous les êtres primitifs, tout ce qui leur est inconnu leur est suspect et ils ne voient partout que des ennemis.

Dans les premiers temps de l'occupation du pays, il suffisait de l'arrivée d'un blanc dans un village pour mettre tous les habitants en fuite, et ce n'était pas sans difficulté qu'on parvenait à se mettre en rapports avec eux. Il en est encore de même aujourd'hui dans les archipels voisins, dont quelques îles sont peu fréquentées des Européens.

Étant méfiants et timides à ce point, ils doivent nécessairement être fourbes. Ils mentent sans le moindre scrupule ; la vérité, pour eux, n'a qu'un attrait des plus relatifs.

Ils sont voleurs de naissance et cherchent à s'approprier tout ce qui leur convient, le sentiment du respect de la propriété n'étant encore chez eux que très imparfaitement développé. Leur penchant au vol est, au contraire, si prononcé, que l'organisation de la propriété a dû être entourée, dans le principe, des peines les plus sévères, et que le vol commis au préjudice d'un membre de la tribu était autrefois puni de mort. Voler un étranger est, au contraire, un trait méritoire.

Le capitaine Cook, qui a cependant observé les Néo-Calédoniens sous un aspect très favorable, reconnaît qu'ils ont vendu à son équipage du poisson qu'ils savaient empoisonné et qui a occasionné la mort de plusieurs hommes.

Lors du voyage d'Entrecasteaux, ils volent au naturaliste La Billardière son bonnet de police, son sabre et ses effets. Ils cherchent à enlever aux matelots de l'équipage leurs outils et leurs armes.

Ils poussent la duplicité jusqu'à prodiguer les démonstrations amicales aux personnes dont ils ont résolu la mort. L'histoire des massacres qui ont marqué si douloureusement les premières années de notre occupation est pleine d'épisodes de cette nature. Ils ont surpris et massacré des familles chez lesquelles ils recevaient l'hospitalité et où ils venaient tous les jours chercher à manger.

Quant à leur férocité, elle est proverbiale. Avant l'arrivée des blancs, ils vivaient dans un état de guerre perpétuelle ; leurs villages étaient entourés de pieux surmontés, en guise de trophées, des crânes de ceux qu'ils avaient tués et mangés. Leur colère a quelque chose de terrible.

Ils méprisent, non-seulement les douleurs physiques, mais la mort elle-même. Ils la bravent jusque dans leurs divertissements. A Ouvéa, quand une pirogue vient d'être construite et qu'elle prend la mer pour la première fois, le propriétaire choisit trois ou quatre compagnons déterminés et s'embarque avec eux. A leur retour, au moment de débarquer, ils sont assaillis par les hommes de la tribu qui leur lancent des pierres et des sagayes. Il faut qu'ils montrent, par leur intrépidité, leur sang-froid, leur adresse à éviter les coups, qu'ils sont dignes de monter une pirogue et d'aller porter la guerre chez les tribus voisines.

S'ils sont blessés, s'ils sont tués dans ce débarquement, c'est tant pis pour eux. Ils étaient incapables de se battre et leur mort n'inspire aucun regret.

Dans les tribus de la grande terre, quand les jeunes gens veulent prouver qu'ils sont dignes d'aller à la guerre, ils choisissent une grande fête, comme celle des ignames, et se présentent devant les anciens, qui leur font subir une épreuve. Ceux-ci les placent à une certaine distance, les prennent pour but et leur lancent des sagayes et des pierres de fronde. Ces projectiles sont le plus souvent évités avec une agilité merveilleuse dont les Européens ne seraient guère capables ; mais on a vu des jeunes gens tués de cette manière et les indigènes vous répondent invariablement : « Ce n'est rien. Tant pis pour eux ! » C'étaient des maladroits ou des poltrons, ils n'étaient pas dignes d'être guerriers.

La force physique, l'agilité et l'adresse sont pour eux des vertus. C'est une race fière, jalouse de son indépendance et de ses coutumes. Elle a défendu pied à pied son territoire contre nous et elle a un vif sentiment de la déchéance dont elle est frappée depuis la conquête.

Ils n'ont pas au même degré que nous la notion de la famille ; ils ne connaissent pas la vie de famille. L'homme et la femme n'habitent pas ensemble. Les enfants, dès qu'ils peuvent marcher, ne sont l'objet d'aucun soin. Ils font ce qu'ils veulent sous la surveillance des vieillards.

Il y a pourtant, dans cette race, une première notion, instinctive et touchante, de la famille. Les Néo-Calédoniens, comme la plupart des sauvages, attachent peu d'importance à l'inconduite de leurs filles, mais non à celle de leurs femmes, dont ils sont au contraire fort jaloux. Une femme ne peut pas se promener seule dans la brousse ; il faut qu'elle soit toujours accompagnée d'une matrone ou d'une parente, qui a pour mission de la surveiller. L'adultère était autrefois puni de mort ; il entraine encore aujourd'hui les châtiments les plus terribles.

Les liens du sang prennent chez les Néo-Calédoniens un caractère sacré ; la sœur est *tabou* pour le frère ; la tante est *tabou* pour le neveu : première manifestation de la morale qui interdit les unions entre individus du même sang et qui distingue l'homme des animaux.

En même temps la parenté s'exprime d'une façon touchante. L'oncle et le père s'appellent de la même manière, ainsi que la mère et la tante. Les cousins et les cousines s'appellent comme les frères et sœurs.

Comme preuve de l'affection qu'il porte à son fils, le père réunira ses amis pour leur annoncer qu'il change de nom avec lui. Il est heureux d'être appelé comme son fils. Il pourra même changer autant de fois de nom qu'il aura d'enfants.

Deux amis changeront également de noms entre eux pour se témoigner leur affection. Cette coutume, d'ailleurs, existe dans toute la Mélanésie.

Ils n'ont pas le sentiment de la nationalité. La nation pour eux, c'est la tribu, c'est le village. Mais ils ont le sentiment de l'ordre, de la discipline, de la hiérarchie sociale. Ils respectent les tabous, ils respectent leurs parents et leurs chefs ; ils ont surtout le sentiment de la solidarité.

Si un indigène a reçu quelque offense d'un membre d'une tribu voisine, toute la tribu prend fait et cause pour lui et cherche à le venger, comme si l'injure était personnelle à chacun d'eux.

Ceux qui quittent le pays pour aller travailler à Nouméa, chez les blancs, sont l'objet d'une tendre sollicitude. A chaque occasion, on s'informe d'eux ; on leur envoie des taros, des ignames, des cannes à sucre, des noix de coco. Ceux qui savent écrire, comme aux « Loyalty », leur adressent de longues lettres où les moindres incidents de leur existence sont relatés. Un tel a pris un gros poisson, tel autre a construit une pirogue. Et à chaque instant, ce sont des élans de tendresse: « Je suis triste parce que tu n'es pas là. Je pleure de toi ; mes yeux pleurent de toi. »

A côté de ses instincts grossiers, cette race a des qualités remarquables. Elle est imparfaitement connue et mériterait d'être étudiée davantage.

Ils sont très superstitieux, et vivent dans une crainte perpétuelle du surnaturel. Le monde, pour eux, est peuplé d'êtres invisibles et méchants. Ils en mettent partout, dans les forêts, dans les rivières, dans les pierres, dans la mer. Comme les enfants, ils ont peur des ténèbres et de tout ce qui leur est inconnu.

Leur mémoire est peu développée ; au delà d'un certain nombre d'années, ils ne se rappellent plus rien. Transportés dans un pays étranger, ils oublient vite leur langue.

Ils sont incapables de dire leur âge ; les parents ne peuvent pas dire l'âge de leurs enfants. Ils n'ont pas de traditions, les événements les plus importants ne laissent aucune trace dans leur esprit. La découverte du pays par Cook, l'arrivée des premiers blancs sur leurs grands navires, qui ont dû produire tant d'impression sur leur imagination, sont déjà oubliées.

Leurs poteries, leurs armes, leurs ustensiles de ménage, leurs étoffes végétales, leurs instruments de musique, leurs sculptures sur bois ou sur pierres, sont grossiers et sans goût ; c'est tout ce qu'on peut imaginer de plus primitif et de plus enfantin. Ils sont bien inférieurs, sous tous les rapports, aux indigènes des

Nouvelles-Hébrides, des îles Salomon, de la Nouvelle-Guinée et surtout aux Polynésiens. Ce sont les plus arriérés de tous les Mélanésiens, parce qu'ils ont subi moins que les autres l'influence des migrations, mais c'est précisément pour cette raison qu'ils sont particulièrement intéressants à observer.

Les Néo-Calédoniens n'ont pas une langue uniforme. Ils se servent, comme toutes les peuplades mélanésiennes, de patois locaux qui, tout en étant de la même famille, présentent entre eux des différences assez grandes pour que deux tribus, séparées quelquefois par une simple montagne, ne puissent pas se comprendre. Ces dialectes, qui sont au nombre de vingt environ, ont été classés jusqu'ici, comme tous les dialectes papous, parmi les langues agglutinantes. Cependant les formes monosyllabiques s'y montrent encore en plus grand nombre que les formes agglutinées et l'on peut dire que tout ce groupe sort à peine du monosyllabisme.

Leur mécanisme grammatical est des plus rudimentaires et présente, au point de vue de la formation du langage et des idées, un champ d'étude particulièrement intéressant.

Les Néo-Calédoniens n'ont qu'une notion très vague du temps et de l'espace. Ils se servent quelquefois, comme les Polynésiens, de la même expression, pour désigner le jour et la nuit. Ils connaissent les mois, qu'ils comptent par lunes, comme nous ; mais ils ne savent pas diviser les mois en semaines. Ils distinguent cependant deux phases de la lune, la grosse lune et la petite. Ils comptent les années par récoltes d'ignames ; une igname fait une année.

Ils n'ont pas l'esprit d'analyse et se servent souvent de la même expression pour désigner des objets qui n'ont entre eux qu'un rapport très indirect. Ils confondent ensemble le pied et la main ; ils appellent de la même manière les herbes, les feuilles, les cheveux, les plumes, et cette façon de parler se prête quelquefois à des rapprochements assez pittoresques ; les fougères sont les cheveux de la terre, tandis que les cheveux proprement dits sont les herbes de la tête. L'écorce s'appelle la peau du bois et le fruit est la chair du bois.

Ils savent comparer deux objets entre eux, mais leur langage ne possède aucune forme comparative. Ils ne diront pas : « Un tel est plus fort que moi », ils diront : « Un tel fort, moi pas fort. »

Leur numération est à base de cinq, parce qu'ils ont cinq doigts dans la main. Le doigt, pour eux, est la forme concrète, l'objet tangible et visible qui représente l'unité et sur lequel repose toute la numération.

Leur langage ne comporte que des expressions concrètes; l'abstraction leur est complètement inconnue comme dans toutes les langues primitives. Leurs harangues sont quelquefois empreintes d'une poésie sauvage.

A l'instar des Indiens de « Fenimore Cooper », ils se donnent des noms tirés de comparaisons avec les choses extérieures, et rappelant certains côtés de leur caractère ou quelque incident particulier de leur existence. Les hommes s'appellent, par exemple, *le requin, la baleine, le poulpe, la roussette, la buse, le victorieux, le batailleur, le bavard,* etc. Les femmes prennent des noms de fruits, de fleurs ou d'oiseaux. Il y en a aussi qui s'appellent *la petite, la molle, la curieuse, la paresseuse, la cigale, la tatouée, la gale.* — Souvent les noms des hommes se rapportent à quelque événement qui a pour eux une certaine importance. Ainsi, depuis l'installation des postes militaires dans l'intérieur, les noms de caporal et de capitaine sont devenus à la mode.

Les noms de lieux ont aussi généralement une signification se rapportant à quelque configuration géographique : *Ma, Mara, Maré, Méré, Warc, Waraï, Bouraï,* sont des noms de lieux qui ont tout simplement le sens de terre, de même que *Nou, Nouë, Nau, Nenou, Neni, Nani,* etc., qui désignent des îles ou des montagnes; *Koné, Kunie, Ounia,* terre; — *Mato, Vata, Witoë,* rocher; — *Koni-ambo,* terre haute; — *Witch-ambo,* montagne élevée; *Boul-ari, Bouloup-ari,* terre rouge.

Il en est de même pour les cours d'eau : *Awe, ewe, diawe, yawé,* rivière; *ti, tio, cio,* rivière; *Kweu-tio,* grande rivière; *do-tio,* petite rivière; — *Bo-ghen, boa ken,* eau grande; *dia-hot,* eau grande; *ti-waka,* rivière pirogues; *va-meni,* rivière oiseaux; *Poneri wen,* bouche rivière — eau — l'embouchure de la rivière. Les endroits où les pirogues sont remisées sur le rivage s'appellent *Terimbo, Parawé, Fayawe,* mots qui veulent dire place pirogues. Les mots qui désignent le village ont quelquefois le sens de repos, parce que c'est là qu'on se repose; ceux qui désignent la maison ont le sens de nuit parce que c'est là qu'on se retire la nuit pour dormir.

Certains noms de lieux paraissent aussi se rattacher à des souvenirs étrangers : *Gomeni* et *Koumaki* se retrouvent en Nouvelle-Guinée, de même que *Wagape,* qui veut dire rivière; *Yaté,* se retrouve à Torrès, et *Ouvéa* aux îles Wallis.

Les Néo-Calédoniens apprennent assez facilement à lire et plus facilement encore à écrire, parce que la lecture exige de la mémoire et de la réflexion, tandis que l'écriture n'est qu'une affaire d'imitation.

On réussit à en faire d'assez bons ouvriers charpentiers, forgerons, laboureurs, etc.; on en fait même des typographes. *L'Écho de la France catholique,* journal de la Mission Mariste, est entièrement composé, mis en pages et imprimé par des indigènes.

Ils commencent dans certains endroits à modifier leur genre de vie. Ils se construisent des maisons à l'européenne et les garnissent de meubles et d'ustensiles européens. Ils s'initient aux cultures coloniales; ils font du manioc, du café, du coprah. Ils viennent vendre des légumes, des fruits et du poisson sur le marché de Nouméa.

Enfin ils commencent à pratiquer la vie de famille. Ils ont renoncé à l'anthropophagie, ne prennent qu'une femme, vivent en ménage avec elle et envoient leurs enfants à l'école.

ORGANISATION SOCIALE

**Guerre, anthropophagie, religion, crimes et peines.
Le Tabou. — La propriété.**

Les Néo-Calédoniens vivent en tribus. Les tribus se composent d'un certain nombre de villages pittoresquement dispersés dans la plaine, ou perchés sur le flanc des montagnes, dans des massifs de cocotiers, d'arbustes fruitiers et de pins colonnaires, toujours à proximité d'un cours d'eau.

L'organisation de la tribu est essentiellement familiale. A sa tête est un chef, qui n'était, dans le principe, que le représentant de la famille, mais dont le pouvoir a été souvent usurpé par des étrangers.

Au-dessus du chef sont les petits chefs, auxquels nous avons distribué, depuis l'occupation, des galons de caporaux, de sergents, de lieutenants, etc., ce qui a fait croire, sans raison sérieuse, à beaucoup de personnes, que l'organisation de la tribu calédonienne était guerrière. Ces petits chefs ne sont, en réalité, que des chefs de famille, qui ont tous leurs parents groupés autour d'eux et qui se groupent eux-mêmes autour du chef principal. Ces parents, *ces clients*, si l'on peut s'exprimer ainsi, auxquels nous avons donné le nom de guerriers, forment la masse du peuple. Par le fait, tout le monde est guerrier ; mais il n'y a pas d'organisation guerrière proprement dite. Il y a seulement un Chef de Guerre qui dirige les expéditions et qui excite les autres au combat.

Au-dessous du peuple, il y a quelquefois des prolétaires, sorte de réfugiés provenant d'une tribu voisine dont ils se sont séparés à la suite d'une querelle et en prévision du sort qui les attendait. La tribu qui leur donne l'hospitalité leur permet quelquefois de cultiver des terres, mais ils n'en deviennent jamais propriétaires. D'autres travaillent à la glèbe avec les femmes et ne mangent les ignames que quand il est permis à celles-ci d'en manger. Leur condition est des plus abjectes. On les appelle les poux de la tribu.

Le Chef exerce le pouvoir le plus absolu; il a droit de vie et de mort sur ses sujets. Il est entouré par eux d'un respect superstitieux. Les femmes, les esclaves, les guerriers même ne paraissaient autrefois devant lui qu'en rampant. S'ils suivaient le même chemin que lui, ils faisaient un grand détour pour ne pas le rencontrer. — Il y avait les ignames et les bananes du Chef, les taros, les poissons, et, dans certains poissons, les morceaux du Chef, auxquels il était défendu de toucher sous peine de mort.

Le R. P. Montrouzier raconte que, quand une tribu venait féliciter un chef de la naissance de son fils, celui-ci faisait assommer un enfant devant ses propres parents. — « On le dépèce, dit-il, on le met au four, on le sert aux étrangers. Les pauvres parents rugissent, se désespèrent, jurent de se venger; mais sur qui? Sur le Chef! Ils n'en ont même pas l'idée; c'est le Chef; il est d'une nature supérieure à eux; il peut faire ce qui lui plaît. »

Cependant le pouvoir des chefs est contrebalancé, dans certains cas, surtout quand il s'agit de faits concernant un membre de la tribu, par celui des vieillards, qu'ils sont tenus de consulter. Ces vieillards forment une sorte de tribunal qui règle tous les conflits intérieurs, prononce les amendes, veille au respect des coutumes, etc.

Il y a encore une autre catégorie d'individus, qui ne sont pas Chefs, mais qui jouissent de grands privilèges; ce sont les sorciers. Ils commandent, dit-on, aux éléments, font venir la pluie ou le soleil, ont des remèdes pour toutes les maladies. Ils font les avortements, sont chirurgiens au besoin et même empoisonneurs. Ils surveillent les morts, pratiquent la circoncision. Ce sont eux qui constatent la maturité des ignames et qui fixent, dans chaque localité, l'époque de la récolte. Ils se réservent les premières, même avant les chefs.

Les sorciers vivent comme les autres indigènes, dont aucun signe extérieur ne les distingue; ils vont à la guerre comme les autres et procèdent généralement à leurs cérémonies dans des lieux écartés pour ne pas initier la foule à leurs secrets.

Leurs fonctions se transmettent de père en fils et peuvent même être acquises par un tiers, surtout si celui-ci verse, en monnaie du pays, la somme convenable.

Voici un fait qu'on pourrait citer comme exemple à plus d'une nation civilisée : Quand un étranger s'empare du pouvoir, les descendants du chef dépossédé ne sont pas maltraités. Ils continuent à habiter la tribu et conservent même quelque autorité. Dans certaines circonstances, ce sont eux qui sont consultés, de préférence à celui qui détient réellement le pouvoir. Les indigènes professent pour eux un grand respect. Ils vous disent : « Celui qui gouverne actuellement n'est pas le vrai chef. — Le vrai chef, c'est un tel, dont les pères étaient chefs autrefois. »

C'est ainsi qu'à Nakéty, « Capitaine », descendant des anciens chefs, sert de garde du corps à « Tanda », dont les ancêtres, venus de l'étranger, ont usurpé le pouvoir.

Avant l'arrivée des Européens, la guerre régnait en permanence dans tout le pays. Elle avait lieu de tribu à tribu, entre villages d'une même tribu, entre familles d'un même village. On ne connaissait guère d'autre règle que la force, la violence, le meurtre.

Deux tribus, se rencontrant dans un pilou, vidaient une vieille querelle par un combat corps à corps. — La fête reprenait ensuite. Il suffisait de quelques ignames arrachées, d'un tabou violé, d'une simple injure faite à un indigène, pour allumer des vendettas qui se transmettaient de génération en génération.

Lors du voyage de d'Entrecasteaux, toute la vallée du Diahot est ravagée par la guerre. Les plantations avaient été détruites, les cocotiers abattus, les villages incendiés, les têtes piquées sur des pieux formaient de hideux trophées.

En 1843, M. Laferrière, commandant du *Bucéphale*, qui vient déposer les missionnaires à Balade, veut rassembler les principaux chefs du pays, pour s'entendre avec eux. Il ne peut y parvenir, à cause des inimitiés qui les séparent.

En 1846, lors du naufrage de la *Seine*, on se battait encore à Pouébo, à Balade et dans toute la vallée du Diahot. Le chef de Hienghène était en guerre avec ses voisins, parce qu'il leur avait tué et mangé quatre femmes, et les mêmes faits se reproduisaient sur toute l'étendue du territoire.

La Nouvelle-Calédonie était alors dans l'état où sont encore aujourd'hui les Nouvelles-Hébrides, les îles Salomon et tous les points de la Mélanésie où les Européens ne sont pas établis en maîtres.

Aux Nouvelles-Hébrides, les tribus de la côte sont toujours en guerre entre elles et surtout avec celles de l'intérieur. On ne peut pas aller d'une baie à une autre sans rencontrer des ennemis. Si vous pénétrez seulement de cent mètres dans l'intérieur des terres, les indigènes qui vous accompagnent rebroussent chemin en disant : « Nous allons être tués. »

Le fait suivant a eu des Européens pour témoins : — Une pirogue est à la pêche. Elle est surprise par un orage qui s'est élevé tout à coup et qui la fait dévier de sa route. Les indigènes qui montent cette pirogue font des efforts surhumains pour regagner le mouillage de leur tribu; mais ils ne peuvent y parvenir. Le vent les pousse sur une pointe où il leur serait facile d'atterrir. De là, ils n'auraient qu'une faible distance à parcourir pour regagner leur village; mais on ne les laissera pas passer. Les hommes d'une autre tribu sont là, qui les attendent. A peine la pirogue est-elle à leur portée, qu'elle est halée à terre et que tous les naufragés sont massacrés. Pas de pitié pour les étrangers, voilà le principe.

Quant à l'anthropophagie, les Néo-Calédoniens la pratiquaient autrefois dans toute son horreur, comme font encore aujourd'hui, d'ailleurs, les autres peuplades de la Mélanésie. On a cherché à expliquer cette coutume de différentes manières. Pour les uns, c'est une institution religieuse ; pour d'autres, c'est une nécessité imposée par la faim. C'est peut-être aller chercher bien loin une cause qui existe dans le caractère même de l'homme. Pour moi, l'anthropophagie est inhérente à l'état de barbarie dans lequel ont vécu les premières races humaines.

Ce serait, en effet, une singulière illusion d'attribuer aux races primitives les idées que nous avons nous-mêmes en matière d'humanité. L'homme primitif ne faisait aucune distinction entre les autres animaux et lui. Il se servait pour lui, comme pour les autres, d'une dénomination générale qui voulait dire : « Animal-terre ». C'est un fait établi d'une manière irrécusable par les dialectes australiens, où l'on voit à chaque instant l'homme s'appeler comme le kangurou et l'oppossune. Le mot canaque lui-même, que nous avons emprunté aux Polynésiens pour l'appliquer à toutes les peuplades de l'Océanie, veut dire : « terre-animal ». Il n'est donc pas étonnant qu'avec de pareilles notions et de pareils instincts, l'homme ait considéré comme une chose toute simple de manger son semblable. Pour lui, c'était un animal comme un autre, une bête bonne à tuer et à dévorer.

Que les nécessités de l'alimentation aient contribué, sur certains points, à entretenir cette coutume ; que la susperstition lui ait imprimé plus tard un caractère religieux, tout cela est fort admissible ; mais ni la religion ni la faim n'auraient suffi à créer cet usage et à le généraliser, s'il n'avait eu son origine dans la nature même de l'homme.

Les Mélanésiens ne professent aucune religion ; ils ont des vivres en abondance ; bananes, ignames, poissons, porcs, etc. Cependant ils sont anthropophages.

En Nouvelle-Calédonie, Cook et Forster n'ont constaté aucune trace d'anthropophagie ; mais il n'en a pas été de même pour d'Entrecasteaux. Les indigènes sont venus à son bord avec des lambeaux de chair humaine dont ils se régalaient. L'un d'eux tenait un os qui avait appartenu à un enfant de 14 ou 15 ans ; et La Billardière les a vus se servir, pour découper les membres, d'une hache en pierre, de forme ronde, qui ne paraît être autre chose que l'instrument appelé aujourd'hui hache des Chefs.

Les entrailles étaient enlevées au moyen de deux cubitus humains fixés dans un tissu de tresses solides. Les bras et les jambes étaient coupés aux articulations et distribués aux guerriers qui les portaient dans leurs familles. Des morceaux de choix étaient envoyés en présent aux chefs des tribus voisines.

La chair des hommes gras était particulièrement estimée. Des indigènes de Maré m'ont raconté qu'un de leurs chefs avait autrefois une prédilection particulière pour cette sorte de mets. Quand il apercevait dans un village un homme doué d'un certain enbompoint, il lui commandait d'aller ramasser du bois à feu. L'autre, comprenant ce que cela voulait dire, se mettait à recueillir lui-même la quantité de bûches nécessaires à le transformer en rôti. Tant que le tas n'était pas assez gros, le chef lui disait : « Vas en chercher encore. » Quand la provision était suffisante, le chef faisait un signe à un de ses guerriers ; le malheureux était abattu d'un coup de casse-tête. Il ne cherchait même pas à s'enfuir. Où serait-il allé? Il n'y avait, autour de la tribu, que des ennemis, qui lui auraient fait subir le même sort. Il valait encore mieux être mangé par les siens.

A l'époque de la prise de possession, il y avait à Canala un grand chef nommé Aliki-Kaï, qu'on avait surnommé *Pikinini-Kaï-Kaï*, le mangeur de petits enfants.

De nombreux actes d'anthropophagie ont été également constatés aux environs de Nouméa, dans les premiers temps de l'occupation ; les compagnons de M. Bérard, massacrés avec lui au Mont-Dore, ont été mangés. En 1878, on a eu la preuve que plusieurs victimes de l'insurrection avaient subi le même sort, entre autres l'infortuné Houdaille. En 1885, un libéré, établi dans la vallée de la Tchamba a disparu à la suite d'une querelle avec les indigènes ; on apprit plus tard qu'il avait aussi été mangé, et il est à peu près certain que nombre de condamnés évadés, dont on a cherché inutilement les traces, ont dû finir de cette manière.

Cependant il est juste de dire que, depuis quelques années, cette coutume paraît avoir entièrement disparu. Si elle existe encore sur quelques points, ce n'est qu'à l'état clandestin et d'une façon tout à fait accidentelle.

En général, quand on parle d'anthropophagie aux indigènes, ils expriment une répulsion qui ressemble un peu à de la honte.

Les Néo-Calédoniens n'ont aucune religion proprement dite ; mais ils admettent l'existence d'un autre monde que celui-ci, et ils croient au surnaturel. La nature pour eux est peuplée d'êtres invisibles qui exercent généralement une influence mauvaise sur nos affaires. Ils renversent les pirogues, égarent le voyageur dans les forêts et s'introduisent dans le corps de l'homme pour lui donner la mort.

Le culte de la pierre, pratiqué par les Polynésiens, existe aussi en Nouvelle-Calédonie, mais dans un état beaucoup plus primitif que chez les premiers. Le Polynésien n'ignore pas l'art de sculpter la pierre, de lui donner une forme humaine et d'en faire une idole plus ou moins grossière. Les Néo-Calédoniens se contentent de recueillir dans les ruisseaux des pierres dont la forme leur rappelle certains objets et ils supposent qu'il y a dans ces pierres un être surnaturel commandant à ces objets. Ce sont de véritables fétiches, auxquels ils attribuent les vertus les plus extraordinaires. Telle pierre, ressemblant à une igname, a la propriété de faire pousser les ignames. Telle autre, ayant l'apparence d'une banane, devient la pierre pour les bananes. Il y a des pierres pour la pluie, pour le tonnerre, pour empêcher les poules sultanes de manger les bananes ou les ignames; pour prendre le poisson; pour donner ou guérir toutes sortes de maladies, etc., etc.

Les gens de Thio accusaient autrefois ceux de Bouloupari d'engendrer les sauterelles et de pousser celles-ci dans leurs plantations pour les faire dévorer. Il n'en fallait pas plus pour amener une guerre.

Ceux d'Amboa étaient accusés de faire des moustiques. Ils prenaient, disait-on, des pierres qu'ils réduisaient en poussière. Ils jetaient ensuite cette poussière en l'air en disant : « Va-t-en Canala ! Va-t-en Kouawa ! » Et c'étaient des nuées de moustiques qui partaient dans cette direction.

Les indigènes de Koué voyaient leurs plantations brûlées par la sécheresse ; ils avaient donné de la monnaie au sorcier chargé de « travailler » la pluie, et la pluie ne tombait pas. Convaincus que le sorcier ne faisait pas son devoir, ils portèrent plainte contre lui au chef du service indigène, en demandant ou bien que le sorcier fît tomber la pluie, ou bien qu'il rendît l'argent.

Ce fonctionnaire fit comparaître devant lui le sorcier, qui déclara que si la pluie ne tombait pas, ce n'était pas de sa faute. Il avait fait tout ce qu'il fallait pour cela ; mais il devait y avoir dans les environs quelqu'un qui travaillait le soleil et dont l'influence était plus forte que la sienne. Enfin, il demanda un délai de neuf jours pour tenter une nouvelle épreuve. Passé ce délai, si la pluie n'était pas tombée, il rendrait la monnaie.

Dans cet intervalle, la pluie tomba ; le sorcier triompha et les indigènes furent plus convaincus que jamais de son pouvoir.

Outre le culte des pierres, les Néo-Calédoniens ont aussi le culte des morts. Ils croient à l'immortalité de l'âme. Ils disent que le vent qui est dans le corps ne meurt pas ; quand le corps meurt, ce vent sort et continue à vivre. Ils disent que les morts aiment à revenir dans les endroits où ils ont vécu autrefois ; ils leur apportent de la nourriture tant que le corps n'est pas tombé en décomposition. Ils croient que les morts ont des endroits sacrés où ils se retirent de préférence ; qu'ils ont des jardins qu'on ne voit pas, mais qui sont plantés de bananiers, de canne à sucre, etc.

Ils honorent les morts et ils en ont peur. Ce n'est qu'avec la plus grande crainte qu'ils s'approcheront de l'endroit où les morts sont déposés. Ils ne prononceront pas le nom d'un mort, parce que celui-ci pourrait leur faire du mal. Ils ne sortent pas la nuit, parce que c'est le moment où les ombres des morts se promènent.

Il n'y a, chez les Néo-Calédoniens, aucune organisation judiciaire proprement dite. Les différends entre particuliers ou entre tribus se règlent généralement à coups de casse-tête ou de sagayes. Cependant, quand les parties adverses sont de la même tribu, il est d'usage qu'avant d'en venir aux mains, elles s'en remettent à la décision des anciens. Ceux-ci n'agissent, d'ailleurs, que comme intermédiaires, dans un but de conciliation. Si tout arrangement est impossible, le combat est décidé.

Le combat corps à corps, le duel, est une coutume dont les Néo-Calédoniens ne peuvent pas se corriger. Ils disent encore aujourd'hui aux représentants de l'administration : « N'intervenez pas ; laissez-nous régler nos affaires nous-mêmes ; nous avons besoin de nous battre. »

Le tribunal criminel de Nouméa avait à juger, il y a quelques années, un indigène pour crime d'assassinat. Il fut démontré que l'accusé avait été désigné par les anciens pour se battre contre un autre indigène, ancien insurgé de 1878, qui s'était réfugié dans cette tribu, et qui s'était rendu insupportable par ses désordres. C'était une sorte de jugement de Dieu. Le champion de la tribu avait tué son adversaire ; il a été acquitté.

Deux hommes se sont battus ; mais la question n'est pas vidée pour cela : elle ne fait le plus souvent que s'envenimer. Le vaincu cherchera toujours à se venger, et il transmettra cette vengeance à ses héritiers. L'affaire, disent les indigènes, reste *crue*; elle ne sera *cuite* que quand il y aura eu paiement d'une amende.

C'est l'amende ou l'indemnité pécuniaire qui constitue le règlement définitif d'une querelle, d'un procès ou d'une guerre. A partir de ce paiement, la paix est faite ; tout est oublié.

Les principaux crimes sont :

Le vol commis au préjudice d'un membre de la tribu et qui était autrefois puni de mort ;

L'adultère, qui était également puni de mort et qui entraîne encore aujourd'hui les peines les plus terribles ;

L'homicide ou le rapt d'une femme, pour lequel il faut distinguer deux cas : si le coupable était étranger à la tribu, c'était un *casus belli*.

Si, au contraire, il était de la même tribu que la victime ou la partie lésée, on appliquait l'amende ou la peine du talion.

Tous les anciens colons connaissent l'histoire de cet indigène de La Foa, qui avait enlevé une femme de Canala. Les hommes de Canala se rassemblèrent et envoyèrent au ravisseur un message ainsi conçu : « Tu as pris une de nos femmes et l'as gardée un mois ; nous te prendrons la tienne et nous ne la garderons qu'une nuit, mais nous en ferons ce que nous voudrons. »

Si le coupable avait refusé, il aurait été tué ; il avait une femme, c'est ce qui le sauva.

Il est à remarquer que les peines les plus sévères sont celles qui ont pour but de garantir le principe de la propriété et celui de la famille. Dans ces sociétés primitives, où l'homme est encore si près de l'état de nature, où il se distingue à peine lui-même de l'animal, les notions les plus élémentaires de la morale devaient être forcément très obscures et il y avait nécessité, pour les faire respecter, d'employer les moyens les plus violents.

C'est encore dans cette intention qu'a été créée l'institution du « tabou » à laquelle on a donné une origine polynésienne, bien qu'elle soit en usage chez tous les peuples de la Mélanésie. En Nouvelle-Calédonie, le tabou n'a pas un caractère religieux ; c'est une sorte d'institution civile qui a pour but de protéger la propriété et la famille. C'est le signe matériel au moyen duquel l'homme primitif, beaucoup plus sage et plus prévoyant qu'on ne croit, fait comprendre ce que nous enseignons nous-mêmes à nos enfants, en leur répétant continuellement « Ne fais pas cela ! Ne touche pas à telle chose. » Il suffit d'une botte de paille attachée au bout d'un pieu planté en terre, à l'entrée d'un champ d'ignames, pour que toute la population comprenne qu'il est défendu d'y toucher, et de même qu'on dit au passant : « Tu ne toucheras pas à mes ignames », de même on dit au frère : « Tu ne toucheras pas à ta sœur », au neveu : « Tu ne toucheras pas à ta tante ; — c'est défendu. »

On met le tabou sur un chemin pour défendre d'y passer ; sur un arbre pour en faire respecter les fruits ; sur un homme, pour qu'il soit interdit de communiquer avec lui ; sur un magasin, sur un navire pour empêcher tout échange de marchandises avec eux.

La propriété foncière est parfaitement établie chez les Néo-Calédoniens ; mais il y a, à cet égard, une distinction à faire. Les terres indivises appartiennent à la tribu, représentée par le chef, mais le chef n'en est pas propriétaire. Il y a des endroits où le chef ne possède aucune terre. Quand il veut en cultiver pour son propre compte, il en loue à ses sujets.

Quant aux terres cultivées, elles constituent de véritables biens de famille, la famille servant de base à l'organisation de la propriété comme à celle de la tribu. Chaque village forme de cette manière une agglomération familiale ayant son domaine propre, que le chef de famille répartit entre tous ses parents. Ceux-ci lui paient un tribut en nature (ignames, taros, etc.) et lui-même paie tribut au grand chef.

Les biens de famille, en se morcelant, forment des héritages qui ont tous les caractères d'une véritable propriété privée; mais la propriété du sol n'entraîne pas toujours la propriété de ce qui est à la surface. Tel indigène possède un terrain; mais les cocotiers qui y sont plantés peuvent appartenir à un autre. Cette particularité a causé, dans le début de la colonisation, des erreurs fâcheuses. Un colon qui avait acheté un terrain se voyait contester par un indigène la propriété des cocotiers qui s'y trouvaient. L'indigène lui disait, non sans raison : « *La terre est à toi; c'est vrai, mais les cocotiers ne sont pas à toi. C'est moi qui les ai plantés.* »

Il fallait recourir à un arrangement.

Les objets mobiliers, les instruments de pêche ou de jardinage, les ustensiles de cuisine, les armes, les fétiches, la monnaie indigène, les ornements, etc., sont des biens privés qui se transmettent par héritage.

La famille, condition sociale de la femme, les enfants, la circoncision.

Le Néo-Calédonien ne connaît pas la vie de famille; ce qu'on appelle le ménage n'existe pas pour lui. Quand il veut se marier, il achète une femme, en faisant quelques cadeaux aux parents; il peut en acheter deux et même davantage suivant ses ressources; mais il n'habite pas avec ses femmes; il ne mange pas avec elles. Cependant les liens de famille sont chez lui très puissants.

Les enfants ont un profond respect pour leurs parents; ils se marient toujours suivant la volonté de ces derniers. Le neveu ne peut pas adresser la parole à sa tante qu'il appelle sa mère. Il ne doit pas toucher à ce qu'elle a touché; s'il la rencontre sur son chemin, il doit se détourner.

Le frère peut adresser la parole à sa sœur pour les besoins du ménage, mais il lui est défendu de causer familièrement avec elle et de la toucher.

Les mariages ne sont soumis à aucune formalité particulière, mais ils sont l'occasion d'une petite fête dans laquelle parents et invités s'efforcent surtout de manger le plus qu'ils peuvent. La femme mariée est réduite à la condition la plus dure. Elle prépare les repas du mari et ne mange pas avec lui. Elle n'a pas le droit, comme lui, de goûter aux premières ignames. Elle fait les travaux les plus pénibles. Elle courbe le dos sous le poids des ignames et des taros, tandis que l'homme marche devant, ses armes en mains, l'œil et l'oreille au guet, toujours prêt à repousser une agression et à défendre son bien et sa vie.

Quand les femmes ont leurs menstrues, elles se retirent à l'écart dans des huttes spéciales, où il est interdit aux hommes de venir les voir. La femme qui vient d'être mère est au contraire l'objet de soins attentifs. Elle continue à habiter avec les autres femmes; ses parents viennent la voir; on lui fait une petite fête pour célébrer la naissance de l'enfant.

Il y a, dans la plupart des tribus, des femmes qui font profession de procéder aux accouchements. Elles se transmettent, comme les sorciers, leurs secrets de mère en fille, de manière que la profession ne sorte pas de la famille.

La femme qui perd son mari appartient au frère du défunt; c'est un bien qui lui revient par droit de succession.

A la naissance d'un enfant, le père se rend auprès des parents de la mère pour leur annoncer l'événement. Si c'est un garçon, il attache un morceau d'étoffe au bout d'une sagaye et plante joyeusement la sagaye dans la case des parents. Si c'est une fille, il se contente de déposer une touffe d'herbe devant leur porte.

On écrase le nez des garçons à leur naissance et on relève légèrement le menton des filles. Dès que les premiers sont en âge de courir, ils se livrent à tous les exercices du corps, pour lesquels ils sont beaucoup plus précoces que les enfants blancs.

Ils apprennent à nager, à grimper aux arbres, avec une facilité extraordinaire. Ils sont complètement nus, les cheveux coupés courts, excepté une touffe qu'on leur laisse sur le sommet de la tête, parce que cette place, disent les indigènes, est tendre et doit être protégée contre le soleil.

A moins d'avoir perdu leurs parents, ils n'ont pas le droit de porter le vêtement, très primitif d'ailleurs, des hommes, avant d'avoir été circoncis, opération à laquelle ils sont soumis vers l'âge de douze à quatorze ans. Cette cérémonie est accomplie par un sorcier spécial et elle donne lieu à une grande fête dans laquelle celui-ci reçoit naturellement de nombreux présents. L'incision se fait longitudinalement, comme chez plusieurs peuplades africaines.

Fêtes, danses, funérailles, deuil, habitations, cultures, alimentation, pêche, chasse.

Les Néo-Calédoniens célèbrent par des fêtes les principaux événements de leur existence ; les naissances, les mariages, la circoncision, l'arrivée d'un étranger de distinction, la mort d'un chef. La plus importante de ces fêtes est celle des ignames, qui mérite une description particulière.

Quand la récolte est bonne, le chef envoie des messagers dans toutes les directions pour inviter les tribus voisines. Les hommes vont à la pêche sur les récifs ; les rivières sont empoisonnées et fournissent des crevettes, des anguilles et divers autres poissons.

Au jour fixé, les ignames, les bananes, les taros, les provisions de toutes sortes sont mis par tas, suivant le nombre et l'importance des tribus qui doivent prendre part à la réunion. Les hommes ont revêtu le costume des grandes circonstances ; la figure et le corps sont barbouillés de noir ; les bras et les jambes sont garnis de coquillages. Les cheveux, teints en rouge par la chaux et garnis également de coquilles, retombent en tire-bouchons sur les épaules, le *manou* est éclatant de blancheur. Les chefs portent la touffe de plumes de coq plantée dans les cheveux.

A un moment donné, les guerriers se rangent, avec leur chef, de chaque côté de l'avenue qui traverse le village et la réception des invités commence. Chaque tribu, annonçant son arrivée par des cris sauvages, défile devant ses hôtes, l'air farouche, le pas mesuré, et vient prendre place à leurs côtés.

Quand le défilé est terminé, le chef, monté sur un tronc

d'arbre, adresse la parole à ses invités; il leur souhaite la bienvenue et désigne à chacun le tas de provisions qui lui est destiné, en s'excusant de ne pouvoir faire mieux; la récolte n'a pas été aussi bonne qu'on le croyait; il y a eu de la sécheresse; les ignames sont petites; mais, tout ce qu'il a, il l'offre de bon cœur et il prie ses amis de s'en contenter.

Les invités le remercient; ils sont enchantés de l'accueil qu'ils reçoivent. Après cette allocution, la danse commence. Les guerriers brandissent leurs armes, se jettent les uns sur les autres en faisant mine de se tuer. Les femmes, animées par ce spectacle, finissent par se jeter dans la mêlée et la journée se termine par un repas des plus plantureux, où chacun cherche à en prendre le plus qu'il peut.

Ces réunions, connues généralement sous le nom de *pilous*, c'est-à-dire de danses, ont été un moment interdites par l'Administration, parce qu'on s'était aperçu que les chefs en profitaient pour se concerter, pour conclure des alliances et fomenter des insurrections.

Les danses des indigènes n'ont pas toujours, du reste, ce caractère guerrier; quelques-unes d'entre elles forment de véritables figures allégoriques, des danses de caractère qui, par la cadence, le rythme et l'harmonie des mouvements, pourraient figurer sans désavantage sur une scène.

Il y a lieu également de signaler la fête du feu, qui se donne au commencement de la maturité des ignames, quand leurs feuilles commencent à tomber. Les indigènes se réunissent la nuit, autour d'un brasier, en agitant des torches enflammées qu'ils lancent au loin avec accompagnement des cris les plus sauvages. Ce spectacle, vu à une certaine distance, ne manque pas de pittoresque.

La coutume, en Nouvelle-Calédonie, n'était pas autrefois d'enterrer les morts. L'ensevelissement, qui commence à se généraliser, a été introduit par les Européens. Dans beaucoup d'endroits, les morts sont encore exposés sur une claie, dans la brousse, jusqu'à ce que la décomposition soit complète. Quelques tribus les déposaient dans des cavernes; d'autres, dit-on, quand il s'agissait d'un chef ou d'un grand personnage, faisaient momifier le corps à la fumée pour le conserver.

Les funérailles se font la nuit; le cortège se compose des parents et amis du défunt. Quand il s'agit d'un chef, son corps est placé sur une claie et promené autour du village au milieu des lamentations. Puis il est porté dans tous les villages voisins, pour que chacun puisse encore contempler les restes de celui qui n'est plus.

Quand la décomposition est achevée, les têtes sont enlevées par le sorcier qui les nettoie et qui les dépose dans un endroit spécial, généralement une anfractuosité de rocher, où elles sont gardées avec soin. Dans certaines tribus, on les oriente, la face tournée vers les villages ennemis, pour que les morts ne les perdent pas de vue.

Les Néo-Calédoniens professent un grand respect pour leurs morts; les endroits où reposent leurs ossements sont sacrés; nul ne doit y pénétrer. Quand ils ont perdu un de leurs parents, ils expriment leur douleur d'une façon violente. Ils se barbouillent de noir, s'arrachent la barbe et les cheveux, se déchirent les lobes des oreilles, se brûlent avec des tisons. Tant que la décomposition du corps n'est pas complète, ils lui portent de la nourriture; ils laissent pousser leurs cheveux en signe de deuil.

Autrefois, quand un chef mourait, les femmes étaient obligées de se pendre pour lui tenir compagnie et le servir dans l'autre monde.

Les Néo-Calédoniens se construisent des huttes en forme de ruches, semblables à celles qu'on retrouve chez les nègres de l'Afrique centrale. Ces huttes, généralement très basses, ne comportent qu'une seule ouverture par laquelle on ne peut passer qu'en rampant. Cette ouverture s'appelle la bouche de la maison. L'intérieur est complètement enfumé par un foyer placé au milieu de l'enceinte et dans lequel les indigènes font du feu jour et nuit; il y fait noir en plein midi. Le mobilier se compose de nattes pour dormir, des armes, des ustensiles de jardinage et de pêche, lesquels, sous l'influence de la fumée, se recouvrent d'un vernis particulier très recherché des collectionneurs.

Le toit de chaque hutte est surmonté d'une flèche que décoraient autrefois des crânes humains, remplacés aujourd'hui par des coquilles.

Certaines huttes, d'une forme conique, en pain de sucre, qui se retrouve en Afrique, sont spécialement réservées aux assemblées des chefs et des anciens.

Les hommes habitent ensemble, par suite de la nécessité de se défendre contre toute attaque nocturne. Chaque hutte peut contenir cinq ou six hommes. Les femmes logent dans des huttes séparées.

Il y avait autrefois, dans le nord de la Nouvelle-Calédonie, des huttes d'un bel aspect, indiquant, chez les indigènes qui les avaient construites, des connaissances que l'on ne retrouve pas dans le reste du pays. M. Mathieu, lieutenant de vaisseau, en a vu une à Koumac, qui n'avait pas moins de 200 mètres de circonférence et dans laquelle on pénétrait par deux larges ouvertures. Ces constructions ont disparu depuis l'occupation.

Les Néo-Calédoniens montrent pour les travaux agricoles une intelligence et un goût qui ont été remarqués depuis longtemps. On dirait que ce goût s'est développé en raison directe des difficultés que rencontre la culture, dans un pays où le travail de la terre est quelquefois très pénible. Leurs plantations sont entretenues avec le plus grand soin et forment des jardins d'un aspect très agréable. Quand un champ commence à se fatiguer, ils laissent la terre se reposer et la mettent en jachère.

Ils enlèvent les petites chenilles qui attaquent les régimes de bananes. Ils enveloppent de feuilles sèches les tiges de cannes à sucre pour les rendre plus tendres, et pour les préserver des coups de bec de la poule sultane. Quand les plantations sont situées dans la plaine, elles sont toujours construites en ados, avec une forte rigole de chaque côté pour l'écoulement des eaux. Mais le Néo-Calédonien préfère placer ses cultures sur les pentes inclinées des montagnes, au fond des gorges fraîches et boisées, près d'un ruisseau qui lui fournira l'eau nécessaire à ses irrigations, travail dans lequel il est passé maître.

On a beaucoup vanté leurs *tarodières* ou plantations de taros, qui consistent en séries de terrasses parfaitement irriguées, étagées en gradins, les unes au-dessus des autres, et suivant sans dévier les courbes et sinuosités du terrain, sur une grande étendue. On voit, dans le pays, des conduites d'eau de plusieurs kilomètres de longueur, irriguant des plantations, terrasse par terrasse. Elles franchissent des précipices au moyen de canaux faits de troncs d'arbres. Elles passent d'une montagne à une autre au moyen de corniches taillées dans la falaise, et ne peuvent que donner une haute idée du peuple qui les a construites, surtout quand on songe à l'outillage primitif dont il dispose pour de pareils travaux.

La culture des ignames, quoique exigeant moins d'art et d'habileté que celle des taros, n'en est pas moins d'une très grande importance pour le Néo-Calédonien, l'igname formant la base de son alimentation. Il commence d'abord par réunir dans un pli naturel du terrain toute la terre végétale des environs. Il gratte le sol jusqu'au tuf. Cette terre, relevée en longs sillons, reçoit les précieuses boutures. Dès que les tiges commencent à prendre un certain développement, elles sont munies d'un tuteur, et aussitôt le champ est déclaré tabou. Il est défendu d'y pénétrer, et cette interdiction ne peut être levée que par le sorcier, qui fixe lui-même l'époque de la récolte.

La nourriture du Néo-Calédonien est presque entièrement végétale. Elle se compose de bananes, d'ignames, de taros, de cannes à sucre, de divers autres fruits, parmi lesquels le fruit à pain, peu répandu dans l'île, le jambose, la papaye, et d'une quantité considérable de plantes, de feuilles, de racines, d'écorces, qu'ils dévoraient autrefois pendant les grandes famines, provoquées par leur état de guerre perpétuel.

Ils connaissent dans les bois des quantités considérables de champignons comestibles, pour lesquels ils ne se trompent jamais.

A cette nourriture, ils ajoutent les produits de la pêche et de la chasse. Le pays étant pauvre en gibier, le Néo-Calédonien, quoique très adroit, n'est pas grand chasseur. Il n'arrive à se procurer de temps à autre des roussettes, des pigeons et des canards sauvages que par des moyens primitifs qui font plus honneur à sa patience qu'à son esprit d'invention.

Ils sont, au contraire, d'intrépides pêcheurs. Les tribus de la côte passent leur vie sur les récifs qui leur fournissent en abondance des poissons, des poulpes, des crabes et des coquilles. Ils font, avec de grands filets, la pêche à la tortue et au dugong et savent empoisonner les rivières au moyen de sucs végétaux pour en retirer tout le poisson. Ils conservent leur poisson en le fumant ; quant aux coquillages, ils en font une telle consommation que ces débris forment autour des anciens villages de véritables amas que les colons utilisent pour en faire de la chaux ou amender leurs terres.

Ils ne connaissent pas la fabrication du sel ; mais s'ils en trouvent dans quelque anfractuosité de rocher, ils le recueillent avec soin. Ils arrosent leur nourriture avec de l'eau de mer. Les tribus de l'intérieur descendent à certains moments sur le littoral pour en faire leur provision.

Enfin, pour compléter la nomenclature des substances animales qui contribuent à la nourriture des Néo-Calédoniens, il faut citer les sauterelles, les larves de coléoptères, certaines espèces de chenilles dont ils se régalent. Ils mangent des araignées, ils mangent même leurs poux. Je crois bien qu'en ce dernier cas, il s'agit, non pas d'alimentation, mais de la peine du talion : « Lui manger moi, moi manger lui ».

Ils sont lithophages, c'est-à-dire mangeur de pierres, et le font, non par nécessité, mais par goût. Cette substance, qui existe sur plusieurs points de l'île, est un silicate de magnésie très friable qu'ils croquent plutôt comme friandise que pour apaiser leur faim.

Leur cuisine se fait de deux manières ; soit dans le four polynésien, dont la description se trouve partout, soit dans de grandes poteries, dont la fabrication a été abandonnée depuis l'importation des marmites en fer. Ils faisaient autrefois du feu, comme tous les Océaniens, en frottant deux morceaux de bois l'un contre l'autre.

Les aliments se servent sur des plats en joncs, tressés en forme de vane et recouverts de feuilles. Tout cela est fait, d'ailleurs, très proprement, et, quand on a assisté à leur cuisine, on n'éprouve aucune répugnance à en goûter.

Industrie, armes, commerce, navigation, pirogues.

Avant l'arrivée des Européens, le Néo-Calédonien ne connaissait pas l'usage des métaux ; la pierre, pour lui, remplaçait le fer.

L'art de travailler la pierre, de la polir, de s'en faire des outils, était autrefois, dans toute l'Océanie, l'objet d'une grande industrie. On retrouve autour des anciens villages de la Nouvelle-Calédonie des fragments de pierres, aux arêtes tranchantes, qui servaient jadis de couteaux, de rasoirs, de racloirs pour la fabrication des armes et des outils, et qui sont aujourd'hui avantageusement remplacés par le verre de bouteille, de même que l'herminette emmanchée dans une gaine à talons, qu'ont décrite Cook et d'Entrecasteaux, a été remplacée par le fer de varlope.

Les meules servant à la fabrication des haches n'avaient pas de bassin comme les pierres à polir des habitants préhistoriques de l'Europe. Cette fabrication était d'ailleurs des plus grossières. Il suffit de comparer les haches de la Nouvelle-Calédonie à celles des Nouvelles-Hébrides ou des iles Salomon, pour être frappé de leur infériorité.

Les Néo-Calédoniens avaient des pierres à aiguiser les haches quand elles étaient emmanchées, des pierres à percer et à polir les coquilles pour en faire des bracelets ; ils se servaient, comme machines à percer, du drille dont l'usage est répandu dans toute l'Océanie, mais ils avaient une autre machine très curieuse, composée d'un axe muni d'un volant auquel on imprimait un mouvement de rotation en faisant pivoter l'axe dans le creux de la main, garanti par une noix de coco. Cette machine n'a encore été retrouvée nulle part, et le seul exemplaire authentique qui soit connu est déposé au musée de Nouméa.

Ils fabriquaient également, avec une pierre de très belle apparence, l'olivine-gabbro, connue aussi sous le nom de jadéite, des haches de forme lenticulaire qui étaient la propriété des chefs et qui jouissent encore aujourd'hui d'une grande valeur. Certaines tribus, comme celle de Méré, sur la côte est, avaient la spécialité de cette industrie. Les indigènes de l'île des Pins en faisaient le commerce avec ceux des Loyalty, où cette pierre n'existe pas.

Les Néo-Calédoniens fabriquaient aussi des casse-tête en pierre, pointus aux deux extrémités, sans douilles, et creusés au milieu d'une rainure circulaire qui permettait de fixer l'arme à un manche en bois.

Ils se servaient de pierres de frondes, de forme ovoïde, qu'ils fabriquent encore aujourd'hui avec du sulfate de baryte ou une serpentine talqueuse, très lourde et se durcissant à l'air.

Ils avaient aussi, parmi leurs outils, des burins, des ciseaux, des coins d'une forme très soignée qui leur servaient à sculpter le bois ou la pierre. Ces sculptures sont généralement très grossières ; quelques-unes cependant mériteraient d'attirer l'attention. On cite, près de Kouen-Thio, de longues lignes de rochers qui sont ainsi couvertes de dessins. Il y a encore, près de l'ancien pénitencier de Fonwhari, deux rochers sur lesquels sont sculptés deux hommes de haute stature.

La poterie et la vannerie étaient l'œuvre des femmes. La terre à poterie existe partout en Nouvelle-Calédonie. Elle était pétrie à la main et cuite à l'air libre. Les produits ainsi obtenus servaient de vases pour la cuisine ou la conservation de l'eau. Ils n'avaient ni élégance, ni solidité.

Les nattes pour dormir, les paniers, les corbeilles sont fabriqués avec des feuilles de pandanus ou de cocotier. Ce sont les plus grossières qu'on trouve dans toute l'Océanie. Les malades se couvrent, comme les Polynésiens, d'un manteau en tresses de pandanus, dont tous les bouts sont rejetés en dehors, de manière à former une énorme toison. Les étoffes végétales, fabriquées avec des écorces de banian ou de mûrier, n'ont ni dessins, ni franges, ni aucun autre ornement ; elles portent, comme tous les produits de leur industrie, la marque d'une grossièreté des plus primitives.

Leurs filets sont semblables à ceux des autres peuplades de l'Océanie ; ils emploient pour cette fabrication les fibres du banian et celle d'une dioclea, connue dans le pays sous le nom de *ma niania*. Ils fabriquent aussi avec le poil de la roussette une ficelle d'apparence laineuse, de couleur brune, qui leur sert à décorer leurs armes et leurs parures.

L'arme préférée des Néo-Calédoniens est la massue ou casse-tête ; c'est l'arme la plus primitive, celle de l'homme des bois, qui lui permet d'attaquer son ennemi corps à corps et de lui briser le crâne. Le Néo-Calédonien ne s'en sépare jamais ; c'est à coups de casse-tête que se sont accomplis dans le pays presque tous les massacres d'Européens. Ces massues ont généralement la forme d'un champignon ou d'un bec d'oiseau ; elles sont faites de la partie la plus dure du bois, le nœud auquel se rattachent les racines.

Les sagayes sont simples, lisses et sans ornements. Cependant les premiers navigateurs ont vu, dans le Nord, des sagayes munies de dents ou de crochets comme celles des Néo-Hébridais.

Les hommes de Lifou fabriquaient autrefois des sagayes garnies d'ossements humains, comme celles qu'on voit aujourd'hui à Santo.

Les sagayes se lancent à l'aide d'un *doigtier*, tresse solide, de dix centimètres environ de longueur, munie à l'une de ses extrémités d'une ganse dans laquelle l'indigène passe l'index de la main droite, le doigt qui lance la sagaye. L'autre extrémité, enroulée autour de la sagaye, permet de lui imprimer une plus grande force d'impulsion en même temps qu'un mouvement de rotation.

L'arc, dont l'usage est si répandu aux Nouvelles-Hébrides, n'est connu en Nouvelle-Calédonie que comme arme de chasse.

Les Néo-Calédoniens ne sont pas de hardis navigateurs, comme les Polynésiens ; ils ne savent pas se guider par les étoiles et ne s'éloignent pas des côtes. Quelques tribus seulement connaissent les points cardinaux ; d'autres ne peuvent distinguer que le nord et le sud. Cependant, ils aiment la mer et font de bons matelots à bord de nos navires.

Leurs pirogues sont les plus simples de tous les archipels malésiens ; c'est la pirogue à balancier, dont l'usage est répandu jusqu'à Madagascar ; quelques-unes sont munies d'un roufle de un mètre de haut environ. Ces pirogues, accouplées deux par deux, sans balanciers, forment ce qu'on appelle les pirogues doubles, qui peuvent contenir une vingtaine de personnes et accomplir d'assez longues traversées. Les systèmes employés pour la mâture et la voilure sont les mêmes que dans toute la Mélanésie.

Les Néo-Calédoniens savent se tatouer ; mais leurs tatouages, pratiqués sur les bras, la poitrine ou le visage, sont seulement les marques distinctives de la tribu ; ils n'ont pas l'importance des tatouages polynésiens, qui sont de véritables écussons héraldiques représentant le nom du personnage, sa généalogie et même sa condition sociale.

Les Néo-Calédoniens aiment à se couronner de feuillages ; les femmes, surtout celles des Loyalty, choisissent les fleurs les plus vives pour en orner leurs cheveux.

Ils n'ont aucune coiffure particulière, excepté pour le deuil. Ils ne tressent même pas leurs cheveux. Aux Loyalty, les jeunes gens laissent quelquefois pousser, sur le côté droit de leur tête, une mèche qui est, dit-on, un signe de vœu, mais qui pourrait bien être aussi un signe de race pour se distinguer des têtes en vadrouilles.

La mode voulait autrefois qu'on se perçât les lobes des oreilles, qu'on agrandissait démesurément en y introduisant des rouleaux de feuilles ou des morceaux de bois, jusqu'à les faire pendre sur les épaules.

Ils portent des bracelets, des jarretières, des colliers en poils de roussette, garnis de coquillages. Les colliers les plus estimés étaient autrefois composés de grains de jadéite, formant chapelet, ou de petites coquilles minuscules, percées et enfilées comme des perles. Ces colliers servaient de monnaie dans tout le pays.

Infirmités, maladies. — Décroissance de la population. Conclusion.

En général, les Néo-Calédoniens, comme toutes les races qui vivent à l'état sauvage, sont physiquement bien constitués. Les infirmités sont rares chez eux ; en revanche, leur longévité laisse à désirer ; ils ont peu de vieillards.

Les principales maladies qu'ils connaissent sont :

La *varioloïde*, ou variole canaque, qui fait quelquefois de grands ravages dans les tribus ;

La *conjonctivite*, très fréquente dans les régions basses et humides ;

Les maladies de peau : le *lupus;* la *gale;* le *tonga*, décrit par M. Vieillard, sous le nom de « *frambœsia* », et que MM. Bonafy et Mialaret considèrent comme un cas de syphilis héréditaire ; le *pytiriasis versicolor;* l'*herpès circiné;* la *lèpre*, qui, depuis quelques années, décime cette malheureuse population dans des proportions effrayantes ;

Les affections des voies respiratoires. M. Bourgarel dit avoir trouvé des traces de tuberculose chez tous les Néo-Calédoniens dont il a fait l'autopsie. A Nouméa, sur 31 décès d'indigènes constatés dans quelques mois, on a trouvé 19 cas de tuberculose, 2 de phtisie pulmonaire et 1 de bronchite. Ces affections existent, d'ailleurs, dans la même proportion, chez toutes les races de l'Océanie.

On peut encore ajouter à ces maladies : le *crabe*, qui ronge la plante des pieds ; l'*éléphantiasis* des jambes et aussi du scrotum ; l'*albinisme;* la *syphilis;* les embarras gastriques ; la dysenterie.

Les Néo-Calédoniens n'admettent pas que la maladie ait une cause naturelle ; elle ne peut provenir que de maléfices ; aussi, ont-ils souvent recours à des sortilèges pour se guérir, bien que connaissant un grand nombre de remèdes végétaux.

En 1860, une épidémie d'une certaine gravité et d'une nature inconnue étant venue à sévir dans les tribus, les indigènes s'imaginèrent qu'elle avait été apportée dans les boîtes de fer-blanc qui servaient au transport des dépêches. Les courriers furent attaqués, l'un d'eux fut tué; la boîte fut saisie et brûlée; son contenu fut dispersé.

Les Néo-Calédoniens savent remettre les fractures en se servant d'attelles en forme de gouttières; ils pratiquent la scarification sur les parties malades; ils guérissent les blessures avec des toiles d'araignées ou une sorte d'amadou provenant d'un champignon; ils se purgent avec l'eau de mer, absorbée en grande quantité, le matin, sur le rivage. Ils se débarrassent des maux de tête au moyen d'un lien serré autour du front ou d'un bon coup de poing appliqué sur le nez du malade, de manière à provoquer une hémorragie.

La population de la Nouvelle-Calédonie diminue dans des proportions considérables.

De 1856 à 1864, la population de Pouébo a diminué de 1,500 membres à 800. En 1865, celle de l'île Ouen était tombée de 130 à 95. Toute la côte ouest, du Mont-Dore à Bourail, était autrefois peuplée de nombreuses tribus qui ont disparu par suite de l'occupation; mais il est également prouvé que le dépeuplement existait déjà avant la conquête.

On voit aujourd'hui, dans des forêts dont l'existence remonte à plus de cent ans, des traces de cultures, d'anciens sillons d'ignames, qui prouvent que ces terres étaient jadis défrichées et cultivées. Il y a aussi, dans des endroits maintenant déserts, des vestiges de travaux d'irrigation considérables. Les indigènes racontent, à ce sujet, qu'autrefois leurs pères étaient plus nombreux qu'aujourd'hui; qu'ils faisaient beaucoup plus de cultures et qu'ils exécutaient des travaux dont leurs descendants ne sont plus capables.

En résumé, les archipels mélanésiens, auxquels se rattache le groupe de la Nouvelle-Calédonie, sont occupés par des races représentant deux types différents : l'un noir et l'autre jaune.

Les races jaunes appartiennent à la grande famille polynésienne qui paraît s'être croisée, sur certains points, soit avec des hommes de race noire, soit avec des races mongoliques, Microniens et Malais.

Les races noires, qui présentent aussi de nombreuses variétés, se ramènent à deux types principaux : le « Négrito » et le « Papou ».

Les « Négritos », qui forment encore des agglomérations distinctes aux îles Audamans, dans la presqu'île de Malacca, aux Philippines et à Luçon, sont certainement les plus anciens de cette contrée. Ils se sont aussi répandus sur toute la côte du continent australien et en Tasmanie. On les retrouve, en groupes plus ou moins importants, en Nouvelle-Guinée, en Nouvelle-Bretagne, aux îles Salomon et aux Nouvelles-Hébrides.

Une tradition, conservée par les indigènes de Maré, les fait reparaître sous le nom de Li-nengone, dans cette île, où les derniers représentants de leur race devaient encore exister à l'époque de l'occupation. Ils ont été détruits et mangés par les représentants de la race actuelle.

Il est probable que le même fait se sera produit en Nouvelle-Calédonie, où les indigènes actuels auraient été précédés par une race plus petite, plus sauvage et plus noire.

M. Cauvin, médecin de la marine, a mesuré, en effet, dans les premiers temps de l'occupation, un crâne de Néo-Calédonien présentant les mêmes indices céphaliques que ceux des « Négritos » des îles Audamans. En rapprochant ses chiffres, on obtient le résultat suivant :

      Sous-brachi céphale des îles Audamans. . . 81.67
      Sous-brachi céphale de l'île Engineer. . . . 81.42
      Sous-brachi céphale de la Nouvelle-Calédonie. 81.61

Les « Papous », plus intelligents, plus forts et peut-être aussi plus nombreux que les « Négritos », sont venus après eux et les ont détruits dans la plupart des îles de la Mélanésie, sans pouvoir en faire autant sur le continent australien, où la race primitive, grâce à l'étendue du territoire, a eu plus de facilités pour se dérober à leurs poursuites.

Les Polynésiens, plus intelligents et plus civilisés que les

« Papous », ont fait pour eux ce que ceux-ci avaient fait pour les « Négritos ». Ils se sont aussi avancés beaucoup plus loin que les « Papous » ; ils ont colonisé le Pacifique oriental et pénétré presque dans l'Amérique du Sud. Ils ont occupé autrefois toute la Mélanésie et le Japon. Les Javanais, qui nous servent de domestiques à Nouméa, sont de la même race qu'eux. On retrouve leurs descendants jusque chez les Tartares de la Mandchourie, ce qui tend à démontrer qu'ils occupaient autrefois une grande partie du continent asiatique.

Toutes ces races sont, d'ailleurs, originaires de l'Asie. On trouve, dans l'Inde et à Ceylan, des populations noires, de petite taille, au type « négroïde » ; ce sont les derniers représentants des races primitives qui ont occupé autrefois ce territoire. Les anciens poèmes sanscrits, le « Ramahyana » et le « Mahabarata », parlent de sauvages à têtes de singes qui auraient été refoulés ou détruits par les conquérants de race aryenne. Ce sont les derniers débris de cette population, qui se sont réfugiés dans les îles de l'Océanie, où elles ont conservé intacts, pendant des siècles, les coutumes et le langage de l'humanité primitive, mais d'où elles sont encore fatalement appelées à disparaître, par suite d'une nouvelle invasion de la race blanche.

LES MINES EN NOUVELLE-CALÉDONIE

Notre intention, en écrivant ce qui va suivre, n'est pas de faire un travail à l'usage des savants ou des spécialistes qui voudraient étudier en détail la constitution géologique et minéralogique de la Nouvelle-Calédonie : le but que nous nous proposons consiste tout simplement à donner au public des renseignements aussi précis que possible, permettant de se rendre compte de ce qui s'est passé dans la colonie, au point de vue minier, depuis vingt-cinq ans, des résultats obtenus, et aussi de ce que l'on pourrait faire, par une exploitation rationnelle des richesses minérales énormes que renferme le pays.

Aux personnes qui voudront étudier scientifiquement la constitution géologique de la Nouvelle-Calédonie, nous recommanderons de consulter les travaux de M. Jules Garnier (on les trouvera résumés dans une esquisse qu'il en a publiée en 1867), ainsi que ceux de M. Heurteau (*Annales des mines, 1876*).

Mais nous les engagerons surtout à se reporter à la brochure de M. Louis Pelatan : *Les mines de la Nouvelle-Calédonie, — Esquisse géologique de la colonie, — Mines de charbon*, publiée par le *Génie civil*, 6, rue de la Chaussée-d'Antin, en 1892.

Cette brochure est accompagnée d'une carte hors texte, qui donne une idée très exacte des terrains calédoniens.

L'archipel néo-calédonien est situé dans l'océan Pacifique, entre les 19° et 23° de latitude sud et les 161° et 166° de longitude est.

La Nouvelle-Calédonie fait, avec l'île des Pins au sud, les

Loyalty à l'est, les Nouvelles-Hébrides au nord-est, les Belep au nord, partie de tout un archipel situé aux antipodes de la France.

La Calédonie proprement dite, l'île des Pins, les Loyalty, les Belep et les diverses petites îles intercalées représentent, en chiffres ronds, une superficie de 2.200.000 hectares.

Le sol de la Calédonie se compose de terrains primitifs très développés, sur lesquels repose une série sédimentaire secondaire assez incomplète, et de terrains modernes.

Comme terrains secondaires, nous rencontrons des assises triasiques, jurassiques et crétacées.

Comme terrains modernes, nous trouvons une formation corallienne quaternaire et une formation corallienne contemporaine encore en activité.

La région nord-ouest de l'île est en grande partie occupée par les terrains primitifs, — gneiss et mica-schistes, formant le premier horizon ; les schistes à séricites, les schistes talqueux, les phyllades, les calcaires cristallins, forment le second étage.

Le premier étage n'occupe que la partie de l'île comprise entre la mer à l'est, le Diahot à l'ouest, la pointe de Pam au nord, et la rivière Ouaième au sud.

Le deuxième étage occupe les terrains ainsi limités :

A l'est, par la mer, depuis Ponérihouen jusqu'à la rivière Ouaième ;

Au nord-est, par la rive gauche du Diahot ;

Au nord-ouest, par la mer, depuis la baie d'Harcourt jusqu'à la rivière de Nehoué ;

A l'ouest, par une ligne partant de la rivière de Nehoué suivant les lignes de calcaires cristallins de Koumac, Koligoh, pic Koné, pic Gatelia, Waté, Bourail ;

Au sud, une ligne partant de Bourail, passant à Carovin, pour arriver derrière Houaïlou et se terminer, parallèlement à la mer, à la rivière de Mou (Ponérihouen).

La série sédimentaire secondaire se compose de : 1° schistes, marnes et grès, constituant un ensemble triasique très développé ; 2° de lambeaux jurassiques peu importants ; 3° d'une formation crétacée largement étendue, présentant un très grand intérêt, car, dans ses assises supérieures, elle renferme d'importantes couches de charbon. L'ensemble des terrains secondaires s'étend le long de la côte ouest depuis la rivière de Gomen (Iouanga) jusqu'au Mont d'Or. Cette longue bande de terrain varie beaucoud de largeur : elle se réduit quelquefois à presque rien, comme à Gatape, pour envahir ensuite toute l'amplitude de l'île, comme entre Bouloupari et Thio, ainsi qu'entre La Foa-Moindou et Houaïlou.

La série tertiaire n'existe pas en Calédonie. Les couches supérieures sont des terrains modernes formés par les alluvions quaternaires, composées ordinairement de gravier, sable, argile, grès, terres brunes ou rouges. Elles constituent, pour la plupart, des vallées à l'embouchure des grandes rivières des deux côtes. On y rencontre aussi des roches madréporiques en formation : ce sont les récifs qui ceinturent l'île de tous côtés.

Les roches éruptives jouent un rôle considérable dans la constitution géologique de la Nouvelle-Calédonie.

Ce sont :

Les roches vertes anciennes, quelquefois porphyriques, mais généralement ophitiques ;

Les roches à glaucophane ;

Les roches dioritiques ;

Les roches mélaphyriques et trappéennes, avec tufs et brèches ;

Les roches porphyriques modernes à éléments vitreux ;

Les roches serpentineuses modernes, qui sont de beaucoup les plus importantes.

Les éruptions de roches ont joué, en Calédonie, un rôle capital au point de vue de la richesse minière du pays.

C'est vers les éruptions de roches vertes anciennes, greenstone, diabase, roches à glaucophane, roches dioritiques, que nous trouverons dans le nord de l'île les gisements d'or, de cuivre, de plomb argentifère, de zinc, etc.

C'est vers les roches porphyriques modernes que nous trouverons les couches de charbon.

C'est vers les éruptions mélaphyriques que nous trouverons, dans les amas triasiques, le manganèse, un peu d'or, de cuivre.

C'est enfin dans les serpentines récentes que nous rencontrerons, en si grande abondance, le nickel, le cobalt, le chrome et le fer hydroxydé.

L'importance de ces roches éruptives nous oblige à donner quelques détails sur chacune d'elles.

Elles présentent deux particularités remarquables :

1° Elles forment une série assez complète dont la plupart des termes peuvent être rattachés au groupe des roches basiques ;

2° Les roches magnésiennes occupent une place tout à fait prépondérante.

On peut observer de plus que nous commençons par des roches vertes ophitiques, parfois serpentineuses, et que la série se termine par des serpentines.

Les roches granitiques anciennes, ne figurent pas, aussi bien que les roches volcaniques modernes.

Les roches vertes anciennes, dont les éruptions ont affecté plus spécialement les terrains primitifs du nord de l'île varient considérablement de texture et de composition.

Elles sont parfois porphyroïdes, et alors, dans un mélange intime de plagioclase, de pyroxène et de diallage, on peut distinguer des cristaux bien définis de feldspath.

Dans la plupart des cas, la texture est confuse, et il est impossible de discerner aucun des éléments.

Il arrive fréquemment que l'élément plagioclase disparaît et l'on a alors une sorte de serpentine ferrugineuse d'un vert foncé, ressemblant aux serpentines récentes.

Parmi les roches anciennes qui ont affecté plus particulièrement les mica-schistes, le grenat, le glaucophane, l'épidote ont contribué à donner une roche particulière que M. Heurteau a décrite d'une façon spéciale sous le nom de roche à glaucophane.

On rencontre aussi le glaucophane, sous forme de cristaux bleus allongés, dans certaines roches formant les épontes des filons aurifères ou cuprifères.

Il figure à l'Exposition quelques échantillons de ces roches particulières.

Les éruptions de roches vertes se manifestent dans le Nord,

tantôt à l'état de dykes, de tuméfactions isolées, tantôt en masses lenticulaires, ou en nappes, intercalées entre les assises schisteuses des terrains primitifs.

Les deux premières formes s'observent principalement lorsque la roche est porphyroïde; les dernières se voient surtout lorsque la roche est ophitique.

Les éruptions ont modifié profondément les terrains environnants : on voit, à leur contact, les mica-schistes se transformer en chlorito-schistes ou en talco-schistes, quelquefois même en schistes graphiteux, par la substitution de lamelles de graphite au mica; les schistes amphiboliques passent aux amphibolites.

Les éruptions de roches ophitiques se sont fait jour plus particulièrement dans les schistes argileux ou phylladiens et les ont transformés, sur de fortes épaisseurs, en schistes magnésiens ou serpentineux.

Les roches vertes n'apparaissent pas dans les assises secondaires des terrains de la côte ouest.

Quelques ingénieurs-géologues anglais, qui ont visité soigneusement les terrains du Nord, ont classé ces éruptions diabasiques comme roches dioritiques. Nous ne saurions partager leur avis, et, comme M. Pelatan, nous n'avons observé, en Calédonie, comme éruptions dioritiques, que celles qu'il signale lui-même, et qui se montrent à la fois dans les terrains cristallins et dans les terrains secondaires.

Nous devons, cependant, mentionner un dyke de diorite, près de la mission de Bondé, que M. Pelatan n'a pas signalé.

Remarque importante.

Les gisements de cuivre très importants, reconnus dans les mines du groupe Balade, se trouvent au pied du massif éruptif des roches à glaucophane et épidote dont nous avons parlé plus haut.

Les mines Pondelaï et Volcan se trouvent dans les mêmes conditions.

La mine des Soldats et celle des Bénis-en-l'air également.

Les gisements aurifères de l'Ophir touchent une éruption diabasique ; ceux de la *Rose* ont pour épontes une roche à glaucophane avec des cristaux bleus bien marqués, etc.

Les affleurements de Chelem, Amoss (région des mica-schistes) se trouvent dans le voisinage et touchent les roches vertes.

Les grands filons des mines de cuivre Pilou et Ao, dans les schistes cristallins, sont appuyés sur les diabases ; le grand amas de plomb argentifère de Mérétrice se trouve dans les mêmes conditions ; les filons des mines de cuivre Montagnat, Trimas, Charlotte, Constance (Diahot), Bani (Koumac), sont appuyés sur des éruptions de diabase, etc., etc.

Il en est de même dans la vallée de Néhoué.

On peut donc, dès à présent, dire aux prospecteurs du Nord : « Etudiez attentivement les roches vertes ; rendez-vous compte de leurs allures, et, dans vos recherches, guidez-vous sur leurs éruptions. Elles émergent presque toujours, et si vous opérez sérieusement et avec intelligence, vous trouverez facilement ce que vous cherchez maintenant avec tant de peines. »

Ces remarques, que nous avons faites dans le nord, entre Pam, Ouegoa, Bondé et Koumac, doivent être vraies dans la partie des schistes à séricite, qui s'étend de la Ouaième à Pouérihouen, sur la côte est, pour revenir sur Bourail et remonter ensuite vers le nord en suivant les massifs serpentineux tout à fait voisins de la côte.

Il existe, du reste, un guide très précieux permettant de ne pas se tromper, c'est la grande ligne de calcaires cristallins qui part de Koumac, et qui se retrouve à Koligoh, derrière Gomen, à Koné-Pouembout, Waté et Bourail. Il existe, là, des milliers d'hectares qui n'ont jamais été visités sérieusement par les mineurs, et il n'y a aucune raison pour que ces terrains soient stériles.

Les voies de communication, que la colonisation crée actuellement au milieu de ces contrées abandonnées, où vivent quelques rares indigènes, feront, sans nul doute, connaître toute cette partie, qui peut devenir si intéressante.

ROCHES MÉLAPHYRIQUES

Les terrains triasiques et les terrains plus récents ont été bouleversés par de nombreuses éruptions mélaphyriques.

Ces éruptions ont existé surtout dans l'intérieur de l'île entre les vallées de Houaïlou et Tnio, où elles ont donné naissance aux monts Canala, Nekada, Table-Unio, dont la hauteur dépasse 1,000 mètres.

Elles ont eu lieu aussi tout le long de la côte Est; on en voit les effets à Gatope, Koné, Muéo, à la baie de Saint-Vincent, etc.

Les roches mélaphyriques sont de types très variés; M. Pelatan en a fait trois grandes catégories:

Les mélaphyres cristallins,

Les tufs mélaphyriques,

Les brèches mélaphyriques,

Les mélaphyres cristallins varient beaucoup entre eux.

Il en est dont la pâte pyronénique, brune ou noire, parsemée de cristaux de feldspath strié, rappelle les mélaphyres ordinaires (Roche de Gatope, collection de l'Exposition).

Certains, dont la pâte plus fine et de couleur plus claire enveloppe des cristaux de plagioclase, sont plutôt porphyriques (Roches de la Coulée, Exposition).

D'autres sont tout à fait euritiques comme texture. Elles forment des variétés compactes, foncée, verte, grise ou noire, ayant un caractère trappéen prononcé (Roche du sixième kilomètre sur la route de Nouméa à Dumbéa).

D'autres sont amygdaloïdes.

Dans les montagnes de l'intérieur, la variété trappéenne est de beaucoup la plus développée.

Tufs mélaphyriques. — On remarque, sur la côte Ouest, de véritables assises tufacées, associées intimement aux nappes de mélaphyres cristallins. Ces assises sont des tufs mélaphyriques. Ces tufs ont une texture terreuse ; leur couleur est brune, avec des taches vertes ou jaunes ; ils renferment souvent des nodules ferrugineux et des amygdales calcaires et siliceuses.

Les terrains de l'île Ducos (baie de Saint-Vincent) et ceux de la baie de Népoui sont extrêmement remarquables pour l'observation de ces tufs mélaphyriques.

Brèches mélaphyriques. — Lorsque l'éruption mélaphyrique a eu lieu au contact des calcaires de l'étage triasique inférieur, ou lorsque ces éruptions ont traversé les schistes calcaires compacts du même étage, il s'est formé des brèches tout le long des surfaces de contact.

On trouve principalement ces brèches sur la route de Bouloupari à Thio, sur la route de Nouméa au champ de courses de Magenta, près de la gendarmerie de la vallée des colons. Nous les avons observées également sur le sentier muletier de Téoudié à Ouénia, à trois kilomètres environ de Koligoh.

Ces brèches forment parfois des roches d'un très bel aspect, mais malheureusement il est difficile de leur faire prendre le moindre poli. (Plusieurs échantillons figurent à l'Exposition.)

Les roches mélaphyriques ont souvent, à leur contact, des gisements minéraux.

Dans les grandes plaines de Gomen, on a rencontré des gisements de manganèse importants entre Téoudié et la rivière de Gomen, des affleurements de cuivre assez sérieux du côté de la station de Poinloche.

Dans les plaines entre Koné et Pouembout, on a trouvé, au contact des mélaphyres, des limonites aurifères, des affleurements de cuivre, des gisements de fer manganésifère.

Entre Pouembout et les aiguilles de Muéo, l'on a trouvé également des gisements de fer manganésifère, des limonites aurifères et surtout du cuivre aurifère.

Aux environs de La Foa-Canala, des limonites aurifères ; à Païta (Port Laguerre), à Saint-Vincent, à Bourail, d'importants gisements de manganèse.

Jusqu'ici les recherches, entreprises dans ces gîtes de contact, n'ont pas été sérieuses, et il est difficile de tirer des travaux aucune conclusion profitable.

Si un jour, grâce au charbon, dont nous parlerons tout à l'heure, la Calédonie devient industrielle, il y a gros à parier que ces gisements de manganèse, de fer manganésifère seront exploités, et alors le voisinage des mélaphyres sera tout aussi intéressant à prospecter que celui des autres roches.

Roches porphyriques. — Comme le dit M. Pelatan, les coulées mélaphyriques ne sont pas les seules manifestations de l'activité éruptive qui soient en relation avec le trias et la formation crétacée houillère postérieure. Cette dernière, tout particulièrement, est traversée par des roches porphyriques pétro-siliceuses d'un faciès plus récent que celui des mélaphyres. Ces roches se composent généralement d'une pâte pétro-siliceuse avec cristaux d'orthose et feldspath oligoclase, du quartz, du mica, de l'amphibole et divers minéraux, qui donnent parfois à l'ensemble plusieurs colorations ; M. Pelatan les a classées à côté des Rhyolites. Elles n'ont exercé qu'une action métamorphique restreinte sur les assises de la formation houillère et sur les couches de combustible.

Les éruptions de roches porphyriques devraient nous amener à parler du charbon, mais cette question, qui a pris aujourd'hui un caractère tout particulier, demande à être traitée à part ; nous y reviendrons.

Roches serpentineuses. — Ces roches constituent les dernières manifestations de l'activité éruptive en Nouvelle-Calédonie. Les épanchements de serpentine forment un peu plus du tiers de l'ensemble de l'île, et c'est leur venue, aux érosions subséquentes près, qui a donné au pays son relief actuel.

Les épanchements serpentineux s'étendent du sud au nord de l'île. Ils en occupent d'abord presque toute la largeur jusqu'à la rive droite de la rivière de Thio ; ils suivent ensuite la côte est jusqu'à Mou, entre Houaïlou et Ponérihouen ; ils jalonnent de leurs pics élevés la côte ouest, de Bourail à la presqu'île de Poum. Ils réapparaissent ensuite au sud, dans l'île des Pins, au nord, dans l'île Yandé et les Belep ; enfin, dans l'intérieur même de l'île, on les retrouve en masses importantes, perçant les schistes à séricite, au Tchingou, aux Lèvres, au mont Pindré, au mont Tuéda. Une pointe apparaît au mont Baviolet, et une autre, plus petite, traversant les mica-schistes, se fait jour au-dessus de Diaoué, près Oubatche.

L'importance de cette formation dans la constitution du sol de l'archipel, les nombreux gîtes de nickel, cobalt, chrome et fer qu'elle contient, sa valeur au point de vue industriel, tous ces éléments réunis comportent une étude des plus intéressantes que nous allons faire aussi brièvement que notre cadre le comporte.

Les épanchements serpentineux peuvent se diviser comme suit :

1° Grand massif du Sud

Limité au *sud* et à *l'est* par la mer, à *l'ouest* par la mer depuis le cap N'Dua jusqu'au Mont d'Or, et après, par les terrains secondaires, depuis le Mont d'Or jusqu'à Kuenthio, au *nord*, par les mêmes terrains secondaires de Kuenthio à Nakéty, la ligne de contact suivant la rive droite de la Thio, la quittant à Saint-Paul, pour remonter presque parallèlement à la mer jusqu'à Nakéty.

La superficie de ce massif, mesurée en plan, n'est pas de moins de 340 à 350,000 hectares ; en réalité, les hautes montagnes et leurs nombreux contreforts augmentent la surface dans une proportion sérieuse.

2° Massif serpentineux de Canala-Kouaoua

Il peut être considéré comme le prolongement nord-ouest du précédent ; il longe la côte *Est*, dont il dessine toutes les échancrures, la baie de Canala, la baie Laugier, la baie de Kouï, la baie de Kouaoua, celles de Kua, de Poro et de Houaïlou. Vers l'intérieur, il est limité par une ligne qui passe par Nakéty-Canala, remonte la vallée de la Negropo, rive gauche, revient rejoindre la rivière de Kouaoua-Méa, contourne le massif du Mé Moa pour traverser ensuite la chaîne centrale en contournant les monts

Mé Oly, Mé Arembo. Cette ligne rejoint, dans l'est, la rivière de Koua, descend jusqu'à Meré, pour, de ce point, reprendre une direction parallèle à la côte et finir derrière Houaïlou.

La superficie, mesurée en plan, est d'environ 70,000 hectares.

A ce deuxième massif on peut ajouter celui de Monéo qui s'étend du cap Bocage à la rivière Mou.

3° Massif serpentineux du Mé Maoya

Ce massif pourrait s'appeler le massif central de l'île. Il est situé au Nord-Est de la vallée de Bourail, à cheval sur les crêtes de la chaîne centrale depuis le mont Mé Boa jusqu'à la montagne du Sphinx. Il comprend les gisements du Mé Maoya, du mont Poilou, du mont Crapet, du pic Adio.

Sa surface approximative est de 25.000 hectares.

4° Massif serpentineux de Muéo

Le massif serpentineux de Muéo n'est séparé du précédent que par une étroite bande de crétacé houiller qui suit la rivière de Poya. Il est limité : à l'ouest, par la mer, depuis la rivière de Nepoui jusqu'à celle de Pouembout ; au sud, par une ligne très accidentée qui suit les terrains secondaires en traversant les rivières de Muéo et Ouha et remontant sur Nekliai ; à l'ouest, par les mêmes terrains secondaires qui contournent le mont Boulinda ; au nord, par les mêmes terrains qui suivent la rivière de Boutana, au pied du Kopeto, et passent à Waté.

La superficie est d'environ 45,000 hectares.

5° Massif du Tchingou

Le massif serpentineux du Tchingou s'est fait jour au milieu des terrains primitifs du dernier étage. Il part du mont Tandji pour gagner la côte Est, et sépare les vallées de la Tiwaka et de la Yenghène. Presque inabordable vers la vallée de Yenghène, il est très accessible au contraire du côté de celle de la Tiwaka. On peut rattacher à ce massif, celui du mont Conique, sur la rive droite de la Tchamba, celui du mont Poindié (rive droite de la Tiwaka) et celui du mont Inédete (rive gauche de la Tiwaka).

La superficie de ces divers massifs est d'environ 50,000 hectares.

6° Massif du Koniambo

Ce massif, comme celui de Muéo, est situé en plein sur la côte Ouest.

Il est borné par la mer, de la rade de Koné à la rivière de Témala; à l'intérieur, il décrit une ligne qui remonte la rive gauche de la Témala, revient à Tiéta en contournant le Katepaï, suit la rivière de Voh, contourne le Koniambo, et revient à la rade de Koné en suivant la rivière Kataviti.

Ce massif, qui comprend le Koniambo, le Katepaï et le mont Ouatilou, peut mesurer 25,000 hectares.

7° Massif de Gomen

Ce massif commence sur la côte Ouest, vers l'embouchure de la rivière de Taom et s'étend jusqu'à la rivière de Tinip. A l'intérieur, il remonte assez loin dans les terres, il englobe le Wazangou l'Homédéboa et le Taom. La surface de l'épanchement peut s'évaluer à 30,000 hectares.

A ce massif on peut rattacher la pointe du Baviolet, sur la chaîne centrale.

8° Massif de Koumac

Il s'étend de la rivière Iouanga (Gomen) jusqu'à la rivière de Néhoué. A l'intérieur, il contourne les monts Kaala et Pandop entre Gomen et Koumac, semble disparaître au passage de la rivière de Koumac, pour reprendre vers la pointe de Pangoumène, englober le mont Ora et le dôme Tiébaghi jusqu'à la rivière de Néhoué.

Sa superficie est d'environ 25,000 hectares.

A ces gros massifs que nous venons d'indiquer, il convient d'ajouter :

Au sud : l'île des Pins et l'île Ouen ;

Au nord : la presqu'île de Poum, l'île Yandé et les Belep (Ort et Pott).

En résumé, la superficie totale en plan, occupée par les différents massifs serpentineux, dépasse 600,000 hectares, c'est-à-dire le tiers de la surface totale de l'île.

Au sujet des minerais contenus dans ces différents massifs, nous pouvons dès maintenant faire la remarque suivante :

Les massifs secondaires, — au *sud*, île des Pins, île Ouen, — au *nord*, Belep, Yandé, presqu'île de Poum, — au *centre*, Monéo, Tiwaka, contiennent principalement du cobalt, du chrome, du fer.

Les limites des grands bassins — Mont d'Or, baie N'go, baie des Pirogues, baie Uié, baie du Prony, Port-Boisé, Unia, Port-Bouquet, presqu'île Bogotha, pointe Melacé, baie Laugier au *sud*, contiennent également plutôt du cobalt, du chrome et du fer.

Il en est de même des limites des bassins de la côte ouest et de la limite ouest du bassin de Muéo. La Table, les contreforts ouest du Kopéto, sont plutôt riches en cobalt ; dans le bassin de Koumac, toute la partie comprise entre le mont Ora et le dôme Tiébaghi ne contient que du cobalt et du chrome. Les parties centrales des formations, au contraire, sont plutôt riches en nickel, et il en est de même des formations centrales de l'île, où on trouve peu ou point de cobalt.

La propriété de ces massifs serpentineux est assez divisée, bien que des groupements importants aient été faits par de grosses sociétés financières.

La société *Le Nickel* possède, ou a des intérêts dans au moins 100,000 hectares de mines déclarées.

La société *International Nickel C° Limited* en représente, dans ces conditions, 50,000 environ.

M. Higginson possède le groupe de Gomen, Homédéboa et Taom.

MM. Desmazures et Cie ont d'importantes concessions de nickel dans les massifs Koniambo et Mé Maoya, de forts gisements de chrome dans les massifs du sud (région du Mont d'Or) et du nord, au dôme Tiebaghi ;

M. Reichenbach possède aussi de grandes étendues de terre.

MM. Plaignet, Canjolle, Oulès, Caulry, Porcheron, Thomasini, Descot, Picot, sans compter un nombre considérable d'autres mineurs, sont possesseurs de concessions plus ou moins grandes et de plus ou moins de valeur.

Les surfaces déclarées à l'heure actuelle peuvent se chiffrer par 350 à 400,000 hectares, c'est-à-dire environ les deux tiers de la superficie occupée par les épanchements serpentineux.

Les parties centrales des massifs ont été peu ou point étudiées; elles seront examinées le jour où des voies de communication terrestres permettront de tirer parti des richesses qu'elles contiennent.

Les exportateurs de minerais sont actuellement :

La société *Le Nickel*, qui extrait ses produits des groupes de Thio et Kouaoua, et qui en achète une partie à des contractants qui exploitent ses mines ou les leurs, suivant les cas.

L'*International Nickel C°*, qui extrait ses minerais du bassin de Muéo.

M. Reichenbach, qui, présentement, n'exploite pas lui-même, mais achète des minerais à des contractants qui exploitent, à *Poro* près *Houaïlou*, à *Kouaoua*, à *la Dumbéa*, à *la Toutouta* (massif du sud), à *Kataviti* (massif de Koniambo), à *Youanya* (massif de Koumac).

Les productions mensuelles sont approximativement les suivantes :

Société *Le Nickel* et ses contractants. .	3,600 tonnes.
International *Nickel C°*.	3,600 —
Contractants de M. Reichenbach. . . .	2,000 —
	9,200 tonnes.

Soit 110,000 tonnes par an, en chiffres ronds.

Les exploitations de cobalt se sont sensiblement ralenties depuis deux ans; la production de ce minerai est restée aux mains des petits mineurs. Le principal exportateur est M. Reichenbach.

Après lui viennent la Société *Le Nickel* et la société *Le Cobalt*. Cette dernière alimente les usines de Rouen.

Les demandes de chrome, qui ont été très importantes il y a quelques années, ont diminué beaucoup : le seul exportateur est maintenant M. Reichenbach. Il m'a été affirmé cependant qu'un commissionnaire français avait fait, avec M. Picot, exploitant à la baie N'go, un contrat de 20,000 tonnes livrables en trois années. Nous n'avons pas vérifié le fait.

En résumé, la Calédonie, à l'heure présente, produit :

100 à 110,000 tonnes de minerai de nickel,
3 à 4,000 tonnes de minerai de cobalt,
15 à 20,000 tonnes de minerai de chrome.

Soit 118 à 134,000 tonnes de minerai provenant de la formation serpentineuse.

Nous avons cru bon de faire suivre la description des massifs serpentineux de renseignements intéressant la division de la propriété de ces massifs, de la force de production actuelle des mines qu'ils contiennent, et d'indiquer en même temps les exportateurs des produits. Nous pensons que quelques mots sur l'histoire des mines de nickel, depuis la découverte du minerai jusqu'à ce jour, pourront présenter un certain attrait pour les personnes qui portent intérêt à notre colonie.

Historique du nickel.

C'est M. Jules Garnier, qui, chargé par le ministre de la marine d'une mission scientifique à la Nouvelle-Calédonie, découvrit, au cours de son travail, de 1863 à 1867, les premiers échantillons du minerai de nickel calédonien.

Un savant américain a donné au nickel hydro-silicaté néo-calédonien, le nom de l'inventeur : il l'a appelé *Garniérite*.

Nous verrons plus tard que M. Garnier ne s'est pas contenté de découvrir le minerai calédonien, qu'il s'est encore occupé de son traitement métallurgique, et qu'il a contribué à la formation d'une des plus grandes sociétés minières de la Calédonie.

En 1874, les frères Coste, colons établis aux environs du Mont d'Or, découvrirent, sur la montagne du même nom, les premiers gisements de nickel connus en Nouvelle-Calédonie.

M. Higginson, qui était déjà à cette époque le plus gros négociant de Nouméa, prit cette affaire en main et forma la *Société du Mont d'Or*.

Cette première affaire de nickel donna l'élan à tous les prospecteurs, et bientôt la mine Bel-Air, près de Houaïlou, était aussi découverte. M. Higginson s'en rendit acquéreur, et, comme les gisements de Bel-Air avaient meilleure apparence que ceux du Mont d'Or, il porta ses efforts sur cette nouvelle mine.

Elle fut rapidement mise en exploitation, et plusieurs cargaisons importantes partirent de Houaïlou à destination du Havre.

Quelque temps après la découverte de Bel-Air, la mine Boa-Kaime, à Canala, l'était également; les mines Belvédère, Moulinet, Sans-Culottes, Santa-Maria à Thio, suivaient, et un autre hardi pionnier, M. Hanckar, s'emparait de ces dernières découvertes.

M. Higginson voulait faire du nickel calédonien un métal français; M. Hanckar voulait, lui, le lancer en Australie.

Avec son génie bien connu des affaires, M. Higginson comprit vite que les prix du minerai ne pourraient rester longtemps aussi élevés, et il résolut de faire du métal.

Il avait déjà engagé un ingénieur australien et fait commencer une usine de fusion, lorsqu'il apprit que M. Jules Garnier venait de faire breveter un procédé de traitement métallurgique pour le minerai calédonien. Il se mit en rapport avec M. Garnier, et, en 1876, au mois d'août, un ingénieur français entrait au service de M. Higginson, avec mission de faire faire en France toutes les machines et installations diverses, pour, de là, aller monter un haut fourneau à nickel à Nouméa. L'ingénieur quitta la France en février 1877 et arriva à Nouméa en mai. Le 10 décembre de la même année, on mettait en feu le fourneau de la Pointe-Chaleix. En une vingtaine de jours, l'usine traita tout le minerai qu'on y avait accumulé, et, dans les premiers mois de 1878, M. Higgison quittait la Calédonie pour l'Europe avec 25 tonnes environ de fonte obtenue au charbon de bois et renfermant en moyenne 75 p. 100 de nickel.

Ces fontes devaient être affinées à l'usine de Septèmes appartenant à la *Société Française anonyme pour le traitement des minerais de nickel, cobalt, cuivre et autres (Systèmes Jules Garnier)*.

Les fontes figurèrent à l'Exposition de 1878, à côté des minerais calédoniens, et M. Higginson obtint un vrai succès.

Il en fut de même pour l'usine de Septèmes, qui présenta du métal à 98 p. 100.

Le résultat du voyage de notre grand Calédonien en Europe fut la fusion de ses intérêts avec ceux de l'usine de Septèmes et la formation de la société *Le Nickel*. C'est cette première société qui augmenta ensuite considérablement son capital et qui est devenue la société actuelle, ayant son siège 13, rue La Fayette, à Paris.

Les premiers fondateurs de cette puissante société sont MM. J. Higginson, Jules Garnier et Henry Marbeau aîné ; elle est, depuis, passée aux mains puissantes que l'on connaît.

Lorsque la société actuelle fut définitivement établie, l'usine de Septèmes, qui produisait un métal ne remplissant pas bien les conditions, fut fermée ; la fabrication des fontes à Nouméa fut remplacée par celle des mattes à 60 p. 100 de nickel, et l'affinage fut fait en Angleterre et en Allemagne, par les usines de Glascow et d'Iserlone.

M. Higginson, administrateur délégué, avait acheté les usines et la clientèle de ses concurrents, et il leur faisait traiter nos produits calédoniens.

M. Pelatan, le savant ingénieur qui a si bien décrit la Nouvelle-Calédonie au point de vue géologique, dirigeait alors la société *Le Nickel* en Nouvelle-Calédonie. Pendant les années 1881-1882 et une partie de 1883, la Calédonie connut une ère de prospérité réelle et de travail. Les mines de nickel fonctionnaient régulièrement et les hauts fourneaux ne chômaient que le temps strictement nécessaire aux réparations.

La consommation ne répondant pas à la production, il y eut bientôt pléthore.

En 1884, les fourneaux de la Pointe-Chaleix furent arrêtés et la production des mines réduite.

Vers la même époque, l'administration changea. M. Higginson cessa d'être administrateur-délégué, et il fut remplacé par un ingénieur, directeur général à Paris et à Nouméa. Il y eut, jusqu'en 1887, une période en quelque sorte neutre, pendant laquelle on écoula les produits anciens et l'on se contenta d'entretenir les mines.

Quelques mineurs firent de timides essais d'exportation, mais ils furent vite arrêtés par la puissante compagnie, qui vendit à leurs clients des minerais à un bon marché inconnu jusqu'alors. La consommation du nickel étant limitée, il fallait l'accaparer : tel semblait être le mot d'ordre dicté par la situation.

Une seule maison française, livrant ses minerais à un client français, continuait seule une petite exploitation à Kua-Méré : c'était la maison Ballande, de Bordeaux, qui vendait à M. Christophle, à Paris.

Cette situation, calme en apparence, ne l'était cependant que superficiellement. Les clients anglais, allemands, autrichiens de la société *Le Nickel* sentaient bien que cette dernière ne faisait patte de velours que temporairement, et que, une fois son stock épuisé, elle changerait sans doute d'attitude.

Aussi, prévoyant ce moment, envoyaient-ils en Nouvelle-Calédonie des agents chargés d'étudier la situation et de voir en même temps la possibilité de créer des exploitations pour leur compte.

Ces agents s'acquittaient généralement de leur tâche avec un zèle remarquable, et entretenaient chez les mineurs l'esprit de spéculation qui, en Calédonie, est développé au suprême degré.

Les ouvriers, manquant de travail un peu partout, on eut des prospecteurs à bon compte, et, sans que la société *Le Nickel* parût s'en émouvoir, toute la colonie s'occupa bientôt de chercher du nickel.

On découvrit le groupe très important et très riche de la Tontouta qui devait amener plus tard les recherches et la découverte de celui de la Ouenghi (côte ouest).

On découvrit une quantité considérable de mines autour de celles de la Société, dans le grand massif du Sud et dans celui de Canala-Kouaoua.

Les massifs du Koniambo, de Muéo étaient également mis à jour. En un mot, la présence du nickel s'affirmait de plus en plus sur la côte ouest, alors que jusque-là on était persuadé que la côte Est seule était exploitable.

L'accaparement rêvé devenait dès lors impossible.

En 1887, un homme d'une intelligence rare, d'un esprit extrêmement délié, possédant une connaissance approfondie des affaires calédoniennes, M. Bigillion, directeur de la Société à Nouméa fit les efforts les plus grands pour réparer le temps perdu : il obtint souvent des résultats brillants, mais il fut débordé ; il agrandit d'une façon très sensible le domaine de la Société, mais la colonie possédait trop de mines pour pouvoir les concentrer toutes dans une même main.

Les mineurs et les spéculateurs qui avaient agi en vue de créer des centres aux Vivian Schœler, etc., n'en furent pas plus riches, au contraire ; aucun de ces messieurs ne s'installa en Calédonie ; le seul résultat appréciable fut que bon nombre de Calédoniens eurent leur argent dans des mines improductives et que la Société *Le Nickel* dut changer de tactique.

Pendant la période dont je viens de parler, M. Levat, l'ingénieur-directeur général, qui avait, aux lieu et place de M. Higginson, pris en mains l'administration de la Société, défit ce que celui-ci avait fondé : il rasa l'usine de la Pointe-Chaleix pour créer celle d'Ouroué.

Les fourneaux de la Pointe-Chaleix avaient fonctionné régulièrement et presque sans accidents ; l'usine d'Ouroué, avec ses *Water-jacket*, a donné des résultats négatifs.

En 1890, la consommation du nickel parut tout à coup devoir prendre une extension considérable.

La société *Le Nickel*, n'ayant pas pu avoir toutes les mines, résolut d'en drainer tous les produits.

Elle passa avec tous les mineurs qui le désirèrent des contrats de minerais à livrer, à des conditions relativement avantageuses pour les producteurs.

La colonie revit alors des jours prospères, plus brillants même que ceux de 1880 à 1883, car le pays tout entier était employé à produire du minerai.

De nouvelles découvertes furent la conséquence de cette situation et la richesse calédonienne s'augmenta d'autant.

Quelques contractants, favorisés par les circonstances, firent des affaires brillantes, et le désir de devenir exportateurs s'empara de plusieurs d'entre eux. Bien peu réussirent dans leurs projets. L'arrêt presque complet des mines, en 1894, en ruina beaucoup; les autres se contentèrent de rester sur les positions acquises.

Un seul ne devait pas s'arrêter en chemin, il avait gagné beaucoup d'argent et il voulait mieux faire encore. Il réunit dans ses seules mains tout ou presque tout le bassin de Muéo; il se créa, dans celui de la Tontouta, dans celui de Dumbéa-Païta, dans celui de Canala-Kouaoua, de grosses, très grosses réserves, et devint un très gros propriétaire minier, M. Bernheim, car il s'agit de lui, concencentra toutes ses forces dans le massif de Muéo, qu'il outilla supérieurement et se mit sur les rangs comme producteur concurrent avec la puissante société. Il devint, au point de vue du nickel, le champion de la côte ouest comme *Le Nickel* était le champion sur la côte est.

La lutte fut acharnée. M. Bernheim faillit succomber; il résista, grâce à son énergie indomptable, grâce aussi au concours de M. Higginson qui ne put supporter de laisser écraser un homme de cette envergure. Ce duel vient de se terminer par la formation d'une grosse société financière à laquelle M. Bernheim a apporté son domaine minier pour une somme considérable. L'*International Nickel C° Limited* possède moins de mines que la société *Le Nickel*; mais, actuellement, sa puissance de production est au moins égale à celle de sa concurrente.

Grâce à l'énergie, à la persévérance, à la ténacité d'un homme, grâce aussi au concours d'un autre qui ne vit que pour la prospérité de la colonie, la Nouvelle-Calédonie a aujourd'hui deux sociétés puissantes, rivalisant d'efforts.

Ce n'est pas tout. Pendant que les mines de nickel étaient arrêtées (de 1894 à 1897), un autre homme se trouvait là, qui ne restait pas inactif. Il avait su se procurer des contrats à livrer des minerais de cobalt et de chrome, et il avait groupé autour de lui le plus grand nombre des anciens contractants de la société *Le Nickel*.

Au réveil du nickel, qui vient de sonner il y a environ deux ans et demi, il avait son monde sous la main ; il en a profité, et, à l'heure actuelle, on produit pour son compte de 22 à 25.000 tonnes de minerai par an. M. Reichenbach, en groupant ainsi toute une série de producteurs, a, en quelque sorte, créé une troisième société.

Mais il ne manque pas de place en Calédonie pour fonder d'autres affaires. Les mines disponibles et bonnes abondent un peu partout, et il faut espérer que, dans un avenir prochain, nous verrons, si l'emploi du nickel se généralise comme tout le fait pressentir, de nouvelles créations, non seulement de sociétés minières, mais aussi d'usines de transformation.

La transformation des minerais sur place devient aujourd'hui capitale, nous allons en dire rapidement quelques mots.

TRANSFORMATION DES MINERAIS

Lorsque marchait la fonderie de la Pointe-Chaleix, les minerais de Thio, qu'on y traitait plus spécialement, donnaient, pour le mélange des productions de toutes les mines, la moyenne d'analyse suivante, dont on s'est constamment servi pour l'établissement des lits de fusion :

Silice.	43.00
Sesquioxyde de chrome. . .	0.50
Peroxyde de fer.	14.00
Alumine.	1.50
Magnésie.	21.00
Protoxyde de nickel. . . .	9.00 (nickel métal 7.00).
Protoxyde de cobalt. . . .	0.25
Eau.	11.00
	100.25

L'appareil de fusion était un demi-haut fourneau de 8 mètres de hauteur, cubant 25 mètres, marchant à deux tuyères la plupart du temps, la rustine n'étant employée que dans des cas particuliers.

Le combustible dont on se servait était le coke d'Australie. La castine se tirait sur place. L'air était chauffé au moyen d'appareils du type Wasseralfingen, entre 250 et 300 degrés. Les gaz perdus chauffaient les chaudières et les appareils, mais il était nécessaire de brûler sous les chaudières un peu de charbon, et sous es appareils un peu de bois pour faciliter l'allumage du gaz.

Les consommations par tonne de fonte étaient :

Coke.	3,300 à 3,500 kilog.
Castine.	5,500 à 6,000 kilog.
Houille.	50 kilogr.
Bois.	1/2 mètre cube.

Le coke coûtait de 90 à 100 francs la tonne et donnait un déchet considérable, allant quelquefois à 20 p. 100.

La castine cassée revenait à.	15 fr.
La houille coûtait.	22 à 25 fr.
Le bois —	8 fr. le mètre cube.

La production journalière était de 2,500 à 3.000 kilog. de fonte.

En fondant pour mattes, les consommations étaient un peu réduites.

Les minerais que l'on expédie aujourd'hui de Calédonie sont moins riches que ceux traités de 1880 à 1883, et surtout que ceux traités en 1877-1879. La teneur moyenne en nickel-métal est de 7 à 7.30 p. 100 sur du minerai desséché à 100°, lequel minerai, au lieu de 11 p. 100 d'eau, contient maintenant une moyenne de 20 p. 100. C'est donc une teneur brute de 5.60 à 5.80, soit 56 à 58 kilog à la tonne.

Mais, à l'heure actuelle, où la production peut être augmentée, on peut avoir de grands fourneaux ; des appareils chauffant l'air 700 ou 800 degrés; on peut fabriquer sur place du coke, dont le prix de revient ne dépassera pas 40 francs la tonne et qui donnera peu ou point de déchet ; on peut, en un mot, réduire considérablement les frais de matières nécessaires à la fusion.

Les frais de main-d'œuvre et les frais généraux subiront aussi une forte diminution, puisque ces deux dernières catégories se répartiront par haut-fourneau sur une production quatre ou cinq fois plus forte. On peut présentement, avec une usine installée d'après les derniers perfectionnements, concentrer sur place le nickel dans des fontes à 60 p. 100 ou des mattes à 50 p. 100, à raison de 0 fr. 45 à 0 fr. 50 le kilog de nickel métal.

On peut employer tout autre procédé de concentration, la fusion avec des pyrites de cuivre par exemple, la transformation du nickel en sulfate par des procédés chimiques, et l'isolement du métal par l'électrolyse.

Il y a là une série de combinaisons de traitement qu'il appartient aux intéressés d'étudier et d'appliquer s'ils le jugent à propos.

Depuis quelques années, depuis deux ans surtout, les frets ont augmenté dans des proportions énormes. Nous ne savons quels sont les contrats de fret des grandes sociétés, mais il est certain que les derniers voiliers venus en 1899 pour M. Reichenbach et pour d'autres personnes recevaient 35 et 36 shillings par tonne, soit 43 fr. 75 ou 45 francs.

A un taux semblable, le fret de Nouméa en Europe représente, par kilog de nickel : $\frac{45}{56} = 0$ fr. 80 ; à 30 shillings seulement, il représenterait : $\frac{37.50}{56} = 0$ fr. 67.

Le prix de transport grève le métal d'une façon telle, qu'il représente à lui seul plus que la valeur du minerai sur place.

Or, il est impossible aux mineurs de produire à des prix inférieurs à ceux qu'ils ont aujourd'hui. Si donc on veut répandre davantage le nickel, les transports seuls pourront être touchés.

Le moyen consiste à transporter des concentrés ou bien du métal affiné.

L'électricité n'a pas encore fait parler d'elle en Nouvelle-Calédonie ; mais on s'occupe sérieusement de cette question en ce moment, sinon pour le nickel, du moins pour le traitement des minerais de cuivre, zinc, plomb, argent. Le nickel aura son tour certainement, et dans un avenir peu éloigné.

Le jour où l'on concentrera le métal sur place, le jour où l'on pourra traiter des minerais à 4 et 5 p. 100 de nickel, — et nous avons la conviction que cela est proche, — la fortune minière de la colonie, du fait du nickel, deviendra incalculable.

Comme minerais de formation serpentineuse, nous avons à dire quelques mots des minerais de cobalt, chrome et fer.

COBALT

Le cobalt et le chrome se rencontrent, comme le nickel, dans les terrains serpentineux.

Les minerais de cobalt se trouvent presque toujours dans de grandes vasques argileuses où, comme le nickel, ils forment des gisements en stockwerks.

On rencontre quelquefois, comme pour les minerais, de véritables apparences filoniennes ; mais, dans la généralité des cas, le minerai est disséminé en morceaux plus ou moins gros, en blocs plus ou moins volumineux, dans des argiles ferrugineuses souvent manganésifères.

L'exploitation du minerai de cobalt se fait tantôt à ciel ouvert, tantôt par un semblant d'exploitation souterraine. Les argiles dans lesquelles le cobalt est emprisonné sont faciles à travailler ; les ouvertures que l'on y fait, pourvu qu'on ait soin de leur donner une section en forme d'œuf, se conservent très longtemps sans le moindre boisage, et il est assez facile, en somme, d'extraire à bon compte les parties minéralisées de ces vasques remplies d'argile.

Les minerais de cobalt de Calédonie ont des teneurs très variables ; on a exploité pendant longtemps des minerais dont les teneurs moyennes ne dépassaient pas 3,50 à 4,50 de protoxyde de cobalt. Aujourd'hui ces teneurs ont augmenté beaucoup : les gisements de Monéo, Koumac, Pouembout, Népoui fournissent des minerais allant à 6 et 7 de cobalt métallique.

Il est à remarquer que les anciennes exploitations portaient sur des gîtes situés en plein dans les massifs serpentineux, tels ceux du Mont-d'Or et de Port-Boisé, ceux de Port-Bouquet, de Canala, d'Unia.

Les nouveaux gîtes se trouvent près des lignes de contact des serpentines récentes et des schistes métamorphiques, ou des serpentines et du trias. La région comprise entre Népoui et Pouembout paraît être particulièrement remarquable ; les exploitations y sont encore peu développées, car la société *International Nickel C° Ld* semble vouloir conserver intacts ses nombreux gisements du Kopéto. Les mines de la Table et la mine Courage fournissent des produits exceptionnellement riches.

Le minerai de cobalt, sans être en grande demande, a un cours soutenu pour une production à peu près constante de 4,000 à 6,000 tonnes par an.

L'exploitation du cobalt, quoique se faisant sur une échelle restreinte, a été d'un grand secours en Calédonie pendant la période du chômage presque absolu des mines de nickel.

L'exploitation des mines de cobalt a été de tout temps faite par de petits mineurs, par des contractants qui ont utilisé leurs propriétés minières ou celles de leurs acheteurs, grandes compagnies ou autres.

Le but des contractants en général est de faire le plus d'argent possible dans un minimum de temps.

Les conséquences en ont été ce qu'elles devaient être : on a écrémé ou écumé les mines, on a enlevé les affleurements avec le moins de frais possible, et aujourd'hui, dans la majeure partie des mines, il est difficile de retrouver une indication déterminant une partie minéralisée.

On a produit du minerai à un bon marché relatif, mais on a compromis les mines. Leur reprise nécessitera des travaux de recherches dont on aurait pu se dispenser, si l'exploitation avait été sagement conduite.

Les nouvelles exploitations ont modifié les idées que l'on se faisait en général sur le cobalt; il faut espérer que, le cas échéant, on pourra reprendre bien des exploitations qui n'ont été qu'ébauchées.

La Calédonie sera riche en cobalt quand on exploitera les gisements d'une façon rationnelle.

Tous les minerais de cobalt de Calédonie renferment du nickel en proportion considérable; les deux métaux réunis forment un tout d'une valeur sérieuse; mais, de même que les mineurs ne tiennent pas compte du peu de cobalt contenu dans le minerai de nickel, de même négligent-ils le nickel contenu dans le minerai de cobalt.

Les industriels qui transforment les minerais bénéficient seuls des deux métaux.

Il est à désirer qu'une modification intervienne dans les contrats, l'équité ne paraît pas y régner souverainement.

Les minerais de Calédonie sont exempts de soufre et d'arsenic.

CHROME

Il existe en Calédonie, au point de vue de l'exploitation, deux qualités bien distinctes de fer chromé.

Le fer chromé en roches, qui se présente en vrais filons dans la roche de serpentine; le fer chromé, dit d'alluvion, en cristaux plus ou moins gros, que l'on rencontre en amas plus ou moins importants dans les argiles provenant des décompositions serpentineuses. Ce dernier est de beaucoup, sinon le plus répandu, du moins le plus exploité à cause de sa facile extraction, et de sa teneur presque régulière pour chaque poche ou amas donné.

L'exploitation d'une poche ou amas de chrome est des plus simples, en tant qu'extraction.

On commence par décaper très proprement la partie qui émerge, en ayant soin de bien retirer tout le fer hydroxydé et l'argile qui recouvrent le gîte. On coupe ensuite dans l'argile une ouverture, que l'on fait généralement aussi en contre-bas que possible de la tête du gisement, et on marche à la rencontre de ce dernier.

Dans les exploitations bien conduites on a soin de jeter les déblais assez loin, pour qu'ils ne gênent pas la reprise de l'ouverture plus bas, lorsque le gîte continue au-dessous du niveau de la première attaque.

Une fois le gîte rencontré, l'abatage se fait avec une facilité extrême; les pics ne s'usent que par le frottement de leur pointe dans le minerai. Les petits cristaux de fer chromé usent l'acier comme l'émeri. Aussi l'outil a-t-il souvent besoin d'être renouvelé.

Les Canaques, que l'on emploie quelquefois à l'abattage du chrome, substituent, au pic qu'ils manient assez maladroitement, une perche en bois dur charbonnée au bout, analogue à leur ancien outil pour travailler la terre. Ils sont très habiles avec cette perche en mains, et arrivent à faire autant et quelquefois plus de besogne que les blancs.

Le minerai ainsi produit contient presque toujours une proportion sérieuse d'argile en poussière. Il faut le soumettre au lavage, ou plutôt au débourbage.

Cette opération en elle-même est des plus simples. Elle consiste à agiter le minerai dans un courant d'eau. L'on arrive assez rapidement à le débarrasser de toute l'argile.

Il se passe alors un phénomène qui mérite d'être remarqué.

Malgré une très grande différence de densité entre le minerai et l'argile, il y a des pertes de chrome très sensibles. Les parties excessivement fines se séparent difficilement de l'argile, ou sont entraînées, et l'enrichissement de 4 ou 5 unités occasionne une perte totale de 8 à 12 p. 100.

Pour bien préciser, donnons des chiffres.

Prenons 2 tonnes de minerai brut de sesquioxyde à 45 p. 100, ce qui fait 900 kilog. de sesquioxyde; débourbons ces 2 tonnes, nous obtiendrons 1,500 kilog. de minerai à 50 p. 100, soit 750 kilog. de sesquioxyde. Nous avons donc perdu 150 kilog. de sesquioxyde au lavage, soit, sur 2 tonnes, un pourcentage de 7,50 p. 100.

Ce cas est un des plus avantageux; on perd souvent beaucoup plus.

On perd surtout, si l'on veut pousser l'enrichissement trop loin; et c'est pour cette raison que, sauf de rares exceptions, on se contente d'amener le minerai juste à la teneur marchande.

Il n'y a pas compensation entre le gain obtenu par la majoration de prix des unités au-dessus de 50 p. 100 et l'augmentation de revient qui en résulte pour l'exploitant.

Il y a en Calédonie beaucoup de poches de chrome dit d'alluvion; il y en a de bonnes et de mauvaises, mais la chose remarquable c'est qu'un gisement est exploitable ou ne l'est pas, quels que soient les procédés mécaniques d'enrichissement appliqués.

On a cru pendant longtemps qu'en broyant le minerai l'on arriverait à lui donner la teneur : tous les essais ont échoué et, selon nous, en voici la raison :

Le fer chromé est un corps cristallisé; sa composition, pour un gisement donné, est fixe, et il est impossible, mécaniquement parlant, d'enlever le fer de la combinaison.

Si le cristal, en lui-même, a la teneur, il suffit de le débarrasser des impuretés extérieures pour avoir un bon minerai. Si cette teneur n'existe pas dans la combinaison, on aura beau mettre le cristal à nu, on ne changera rien à sa nature, et le minerai n'aura jamais la teneur.

A notre avis, si après des lavages bien faits le minerai n'est pas marchand, c'est dans un changement d'état chimique qu'il faut chercher l'enrichissement. Quant aux procédés mécaniques, il faut y renoncer.

Les gisements en roches sont importants, quoique moins nombreux que les premiers. Ils se rencontrent dans des cassures de serpentines vives, surtout des serpentines à diallage. Ils constituent alors de vrais filons dont les épontes sont d'une solidité remarquable. La seule difficulté d'exploitation consiste dans l'abattage qui demande beaucoup d'explosifs.

Avec ce genre de minerai, ce que nous avons dit au sujet de l'enrichissement s'applique également.

Si le minerai, bien trié, débarrassé soigneusement de la roche encaissante, a la teneur marchande, le gisement est exploitable; au cas contraire, si l'on n'a que des moyens mécaniques, il faut y renoncer.

Ce fait, d'une composition constante pour un gisement de chrome donné, se remarque presque partout dans les gisements de

Calédonie. La composition du cristal est la même à toutes les profondeurs. Elle est la même, quelle que soit la position par rapport aux épontes. C'est cette constatation qui nous a amené à tirer les conclusions sus-énoncées.

FER

Le fer est excessivement abondant en Nouvelle-Calédonie; on le rencontre dans tous les terrains.

Au nord de l'île, dans les terrains anciens, il apparaît très fréquemment à l'état de fer oxydulé en grains, ou de fer oligiste.

Dans les couches triasiques, on le rencontre en poches plus ou moins développées, sous forme de limonites souvent aurifères et presque toujours manganésifères.

Enfin, on le trouve en masses incalculables dans les massifs serpentineux, sous forme de fer oxydé et hydroxydé plus ou moins chromifère.

Les gisements des terrains anciens et du trias sont très importants; ceux des massifs serpentineux sont pour ainsi dire inépuisables.

Plusieurs fois déjà, des capitalistes ont remarqué la puissance et la facilité d'exploitation de ces minerais de fer chromifères, mais jusqu'ici aucune suite sérieuse n'a été donnée à la mise en valeur de cette richesse.

M. Heurteau, lors de son séjour en Nouvelle-Calédonie, avait remarqué qu'il serait possible d'exploiter à proximité de la mer et à peu de frais d'énormes quantités de minerai de fer.

Il a rapporté en France des échantillons qui ont été analysés et étudiés par M. Moissenet et qui ont donné les résultats suivants :

	A	B
Silice et acide titanique...	5.60	7.60
Alumine..........	traces	traces
Peroxyde de fer.......	69.60	73.00
Oxyde rouge de manganèse.	2.00	0.60
Oxyde vert de chrome...	5.33	2.85

	A	B
Chaux.	traces	traces
Magnésie.	id.	id.
Acide phosphorique.	non dosé	non dosé
Chlorure de sodium.	traces	0.40
Pertes par calcination.	16.60	14.30
Acide sulfurique.	0.60	0.70

Les essais par voie sèche sur d'autres échantillons ont donné :

1° 56.70 % de fonte gris clair, assez cassante, tenant 0.60 % de chrome.
2° 59.85 % de fonte blanche, grenue, cassante, très dure, tenant 3.80 % de chrome.

Il a été fait depuis, en Calédonie et en Europe, diverses analyses; les teneurs en fer ont été sensiblement les mêmes, celles en chrome également; les teneurs en soufre ont varié en moins; dans le minerai de la baie de Port-Boisé et de Koué (sud de l'île) on n'a presque pas trouvé de soufre.

Nous croyons devoir attirer l'attention des métallurgistes sur les minerais de fer de Calédonie.

Il y a dans la colonie plusieurs ports excellents où il serait facile d'installer des usines dans de bonnes conditions; les fondants sont à proximité, les charbons d'Australie ou de Calédonie pourraient y arriver à bon marché, et comme l'Australie ne possède aucune usine à fer ou à acier, il serait peut-être facile de l'avoir comme cliente.

Nous ne faisons ici que signaler un fait à l'attention des personnes qu'il pourrait intéresser.

CUIVRE, PLOMB, ARGENT

Si les minerais de nickel, de cobalt, de chrome sont en quantités considérables dans les massifs serpentineux, le cuivre existe en abondance dans les terrains primitifs, dans les micaschistes et dans les schistes cristallins.

La vallée du Diahot, depuis Pam jusqu'à Bondé, y compris le district d'Arama, les vallées de Néhoué et de Koumac, dans le nord de l'île, sont composées d'une suite presque ininterrompue de mines de cuivre.

Les mines de cuivre du nord, ne sont pas, comme celles du nickel, composées de stockwerks de surface; elles se composent de véritables filons de plusieurs centaines de mètres de longueur, d'épaisseur allant de un mètre à trois mètres et quelquefois plus, et de plusieurs centaines de mètres en profondeur.

Ces développements s'appliquent aux mines qui jusqu'ici ont été travaillées, et il est rationnel de juger des autres par celles que l'on connaît.

La mine La Balade à Ouégoa, sur la rive droite du Diahot, avait ses travaux à plus de 150 mètres de profondeur lorsque la baisse considérable du cuivre, en 1884, la fit fermer, ainsi d'ailleurs que toutes les mines d'Australie.

La mine *Pilou*, dans le district d'Arama, trace en ce moment un huitième niveau à 240 mètres de profondeur, et le filon ne fait que s'épanouir.

La mine *Ao*, qui est à ses débuts, est un immense bloc de cuivre de première qualité.

La mine *Montagnat*, sur la rive gauche du Diahot, qui n'est que prospectée, a déjà révélé l'existence d'un filon sur plus de 500 mètres de longueur.

Les mines *Charlotte, Constance*, à Bondé, présentent des affleurements énormes; il en est de même de la *J. H. n° 24* à Bani-Koumac, de la *J. H. n° 31* et de l'*Impôt n° 1* à Arama, où l'on se trouve en face de vraies montagnes de cuivre.

Les mines de *Pondelaï, Pondelaï et Volcan*, sur la rive droite du Diahot et non loin de son embouchure, ont mis à jour de très riches gisements.

En résumé, partout où l'on a fait quelques recherches, on s'est trouvé en présence de richesses importantes dont l'exploitation prochaine viendra donner un nouvel essor aux forces vitales de la colonie.

L'étendue connue dont nous avons parlé précédemment comprend au moins cinquante mille hectares qui ont été prospectés d'une façon plus ou moins sérieuse, et, sur plus de quatre-vingts points différents, les gisements émergent à la surface. Quelles sont les richesses que révélera un travail sérieux de toutes ces mines, il est difficile de le préciser; mais on ne craint pas beaucoup de se tromper en disant qu'elles seront considérables. Les minerais de cuivre de la Nouvelle-Calédonie doivent être rangés dans la catégorie des minerais riches; le minerai tout venant, provenant de l'abattage de la veine, atteint facilement sept à huit pour cent.

Un traitement mécanique assez simple permet d'obtenir des concentrés à 13 ou 15 p. 100 de cuivre, et, à ces teneurs, l'exportation des minerais est très avantageuse.

Les cuivres calédoniens ne contiennent ni étain ni arsenic.

L'ancienne mine *La Balade*, dont les travaux sont noyés aujourd'hui, a produit régulièrement des concentrés de 17 à 20 p. 100; la mine *Pilou* produit des concentrés de 13 à 15 p. 100.

Avant l'installation de son enrichisseur mécanique, la teneur marchande des minerais de *Pilou* était de 11 à 12 p. 100 en moyenne, mais tous les minerais à 4, 5 et 6, étaient mis de côté; à la fin de 1899, cette mine avait en stock environ 40.000 tonnes de minerais soi-disant pauvres. Aujourd'hui tous ces minerais passent à l'enrichisseur mécanique, et l'appareil peut en traiter 250 tonnes en vingt-quatre heures.

Presque tous les minerais de cuivre de Calédonie contiennent une assez forte proportion d'argent de 200 à 400 grammes à la tonne, et, pour les minerais de surface, carbonates verts ou bleus, oxydes rouges ou noirs, une petite proportion d'or : 2 à 4 grammes à la tonne.

Dans certains cas particuliers, tels que, par exemple, la jonction du filon principal et d'un croiseur, on trouve, comme à la mine *Pilou*, de très importantes colonnes riches, composées principalement de chalco-pyrites et de galène, et le minerai arrive à contenir jusqu'à 600 et 650 grammes d'argent à la tonne; il est riche aussi par ailleurs, il contient de 10 à 12 p. 100 de cuivre et 40 à 44 de plomb.

Il arrive parfois que la proportion d'argent diminue et que la quantité d'or augmente considérablement, tel le cas de la mine *J. H. n° 24*, située dans la vallée de Néhoué près la corne de Koumac à Bani, où, avec une teneur en cuivre de 8 à 14 p. 100, les minerais extraits aux affleurements donnent 6, 8, 12, 16 grammes d'or à la tonne.

Cet important gisement se trouve à la ligne de contact des calcaires cristallins du terrain primitif.

PLOMB. — ZINC

A côté des minerais de cuivre de la région nord, on rencontre également des minerais de plomb et de zinc argentifères.

Un gisement excessivement important de ces minerais a été mis en exploitation sur la rive gauche du Diahot, à la mine dite *Mérétrice*, sur la rivière Djavel.

Toute la partie supérieure du gîte, composée de carbonate de plomb très argentifère, a été mise en exploitation ; la partie qui reste, et qui est de beaucoup la plus importante, se compose de galène et de blende argentifères.

Il est fortement question de reprendre à courte échéance l'exploitation de la *Mérétrice*, où l'on a en vue une quantité énorme de ce dernier minerai.

Le gisement est en partie à découvert, et l'extraction peut se faire dans des conditions d'économie remarquables.

D'autres découvertes de minerai de plomb ont été faites aux environs de *Mérétrice*, mais jusqu'à présent aucun travail sérieux n'a été entrepris sur ces nouveaux prospects.

Il sera facile aux visiteurs de l'exposition de Calédonie de se rendre compte de la richesse et de la variété des minerais de cuivre et de plomb argentifère de la colonie.

L'exposition de la Société Internationale donnera, par les dimensions des échantillons exposés, une idée très exacte de l'importance des gîtes. Celle de M. J. Higginson, qui représente l'ensemble de tous les minerais de Calédonie, donnera une idée exacte et complète de toutes les variétés et de tous les aspects sous lesquels on les rencontre, depuis les affleurements jusqu'à 200 mètres de profondeur.

La propriété des gisements de cuivre et de plomb n'est pas, comme celle des gisements de nickel, très divisée. La Société des mines Pilou et Ao Limited (ancienne *International Copper Limited*) possède les mines *Pilou* et *Ao*, qui sont en exploitation.

La Société *Amalgamated* possède les groupes de *La Balade, Chelem, Mérétrice, Ivonne* et *Monnaï*.

M. John Higginson est propriétaire de presque toutes les autres.

Enfin, quelques particuliers ont obtenu diverses concessions et permis de recherches dans la vallée du Diahot et celle de Néhoué.

Étant donnée la situation favorable du marché du cuivre, nous pouvons espérer que les propriétaires de toutes ces belles mines ne laisseront pas longtemps ces richesses immobilisées.

Pour le cuivre comme pour le nickel, nous espérons que les intéressés verront un avantage à la transformation sur place. Il y a, dans le nord de l'île, des milliers de chevaux de force à transformer en énergie électrique, et la production de cuivre électrolytique peut nous apparaître comme une réalité prochaine.

MANGANÈSE, ANTIMOINE, MERCURE, TUNGSTÈNE

On rencontre également, dans l'île, de très importants gisements de manganèse, dont la teneur varie de 45 à 54 p. 100 de manganèse métallique. Les principaux gîtes se trouvent à Gomen, Bourail, Saint-Vincent, Port-Laguerre. Les prix du manganèse ne permettent pas l'exportation de ces minerais en Europe, mais nous croyons qu'il serait facile de faire sur place des ferro-manganèse qui pourraient s'exporter avantageusement.

Un gisement important d'antimoine existe à Makéty. Une usine a autrefois fonctionné pour le traitement du minerai : les résultats n'ont pas donné satisfaction ; une trop grande partie du métal se perdait en fumées. Avec les nouveaux procédés de traitement, nous pensons que cette affaire pourrait être reprise.

A Nakéty, l'on a trouvé aussi un gisement important de cinabre, qui n'a pas encore été exploité.

A Bourail, à Tiaoué, près Pouembout, on a trouvé des schistes imprégnés de cinabre et de mercure natif : une très belle collection de ces schistes figure à l'Exposition. Jusqu'à présent, on n'a pas encore exploité ces gisements, qui sont cependant importants.

Le tungstate de chaux, ou scheelite, a été également trouvé en Calédonie ; malheureusement, les gîtes sont de peu d'importance : quelques poches de minime volume, intercalées dans de puissants filons de datholite, ou chaux boratée.

La datholite existe en puissants filons dans la vallée de Méa, près Kouaoua ; son exploitation et son exportation seraient faciles : le tramway que la société *Le Nickel* a construit dans la vallée de Kouaoua met la vallée de Méa en communication avec la baie de Koui, le mouillage le plus sûr de Calédonie.

TERRAINS PRIMITIFS (Or).

Nous avons dit, plus haut, que les terrains primitifs sont très développés en Nouvelle-Calédonie ; nous les avons suivis, depuis Pouérihouen jusqu'à Pam, sur la côte est ; depuis Bourail jusqu'à Pam également, sur la côte ouest.

Le premier étage, qui comprend les mica-schistes et qui s'étend de la rivière Ouaième à Pam, entre la mer, d'un côté, et la rive droite du Diahot, de l'autre, est excessivement intéressant à étudier.

L'attention a été portée sur ce terrain par la découverte de l'or dans la rivière de Pouebo, en 1863. M. Jules Garnier a décrit des recherches faites, en 1864, dans cette région. On a trouvé alors, et elle existe encore aujourd'hui, une petite poche d'alluvions contenant un peu d'or. Les recherches faites pour découvrir le reef n'ont pas abouti.

En 1870, on découvrit, à Manghine, la mine d'or de *Fern-Hill*. Elle fut mise en exploitation, et l'appât du précieux métal fit que les prospecteurs se dispersèrent un peu partout à sa recherche.

Après l'organisation du régime minier par M. Heurteau, différentes mines d'or furent découvertes dans les mica-schistes. Péquillet trouvait la mine *Tuat*, située au bord de la mer, non loin de l'embouchure de la Ouaième. Un groupe de mineurs découvrit *Galarino*, entre la Ouaième et Oubatche, qui devint bientôt un petit centre de mines d'or. D'autres prospecteurs remontèrent le Diahot, aussi loin que le permettait alors l'état de civilisation des Canaques. D'autres, encore, se portèrent sur les crêtes de l'Ignambi, entre la mer et le Diahot.

Partout, on trouva de l'or; mais nulle part, en quantité suffisante pour payer les frais.

L'objectif était la découverte des gold-fields (champs d'or) ou des reefs (filons) riches.

Les gold-fields, à proprement parler, n'existent pas; il y a de l'or dans les lits actuels et dans les anciens lits de toutes les rivières qui sont des confluents du Diahot, et qui descendent de la chaîne de l'Ignambi.

Il y a de l'or dans tous les creeks qui descendent de la chaîne de l'Ignambi vers la mer.

Dans la plupart de ces rivières, un bon travailleur, avec des slousses bien faites, et ce qui est nécessaire pour retenir l'or fin, peut faire pour 7 à 8 francs d'or dans sa journée.

Plusieurs essais d'association entre mineurs ont été tentés, dans le but de faire des lavages dans les anciens lits de certaines rivières : ces essais ont souvent donné de bons résultats, tant que l'entente a subsisté entre les travailleurs; mais, en Calédonie comme ailleurs, même plus qu'ailleurs, l'entente entre ouvriers ne peut durer longtemps.

Il faut remarquer, de plus, que les installations faites dans les rivières sont souvent détruites par les inondations. Ces destructions, assez fréquentes, ont eu pour résultat la dispersion des groupes formés et l'abandon de ce procédé de travail.

En résumé, pendant longtemps on a cru, et aujourd'hui bien des personnes croient encore que l'or existe *partout* en Calédonie, dans les terrains primitifs, *mais qu'il n'est pas exploitable*. Nous verrons plus loin ce qu'il faut penser de cette appréciation.

MINE FERN-HILL. — La mine d'or de *Fern-Hill*, découverte en 1870 par MM. Victor Hook, Peper, Bailly et Borgnis, fut exploitée presque aussitôt. Une usine pour le broyage du quartz et l'extraction de l'or par amalgamation fut installée au bord du Diahot.

Les 1.200 premières tonnes de minerai traité ont produit 4,663 onces d'or, soit 443,896 francs, ou 370 francs en chiffres ronds par tonne.

Le minerai a donc donné en moyenne 4 onces d'or à la tonne : encore est-il que le traitement a laissé considérablement à désirer, et s'il eût été fait avec les procédés actuels, on eût retiré beaucoup plus du précieux métal.

L'exploitation fondée par les découvreurs prit peu d'extension. Ils se contentèrent d'enlever les parties les plus faciles à traiter et à exploiter, la cape du filon, partie bien décomposée et dans laquelle tout l'or était à l'état natif.

A la fin de l'année 1873, le filon avait changé de nature ou plutôt avait révélé sa véritable nature : on se trouvait dans des pyrites que l'on n'avait pas les moyens de traiter. L'exploitation fut arrêtée.

Cette exploitation, bien que conduite par des hommes à compétence douteuse, a laissé, grâce aux observations de M. Heurteau, des indications précieuses qu'il est important de mentionner.

M. Heurteau a reconnu la direction du filon de *Fern-Hill* : elle est N. 35 degrés E., ou N.-N.-E, S.-S.-O. La direction des croiseurs est N.-N.-O ; les colonnes métallifères plongent au sud.

Au moment où M. Heurteau a visité la mine, le filon N.-N.-E. était vertical et les croiseurs N.-N.-O. inclinés et plongeant au sud-ouest.

On reconnut plus tard que le filon N.-N.-E. était incliné et plongeait à l'ouest.

L'exploitation, abandonnée par les découvreurs, fut reprise par MM. Higginson et Morgan. Un puits de 100 mètres fut foncé ; il recoupa le filon, qui fut attaqué à différents niveaux et, jusqu'en 1877, la mine produisit de l'or en quantité passable.

A ce moment, elle fut de nouveau fermée. Elle vient d'être reprise, il y a deux ans environ.

Les travaux de MM. Higginson et Morgan ont démontré que le filon se prolongeait dans la partie nord et dans la partie sud, et que, comme il avait été constaté précédemment, les colonnes métallifères plongeaient au sud-ouest. Les minerais extraits se composaient en partie de quartz brûlé qui ont été traités, en partie de pyrites magnétiques mélangées de quartz et imprégnant les schistes. Ces dernières parties ont été rejetées et mises en tas.

Ces tellings se sont décomposées depuis, au contact des éléments atmosphériques, et l'on constate maintenant, en lavant au plat, une proportion d'or natif permettant d'en faire un traitement avantageux.

A l'heure actuelle, les travaux de *Fern-Hill* se composent de deux puits : l'un, de 110 mètres de profondeur, situé au sud, destiné à recouper la colonne de richesse dans la partie maximum de sa puissance située dans la concession ; l'autre, au nord, destiné à recouper le filon dans une partie de pyrites riches contenant 4 onces à 4 onces 1/2 d'or à la tonne.

Le filon dans la portion nord a environ deux mètres de puissance, d'une éponte à l'autre ; mais la partie de minerai riche n'occupe que 0,70 à 0,80 de cette épaisseur.

A l'heure où nous écrivons ces lignes, le puits sud, Shaft-Scott, qui a 110 mètres, doit être foncé encore de 25 mètres ; le puits nord, Shaft-Hosking, vient, par un travers-banc pris à 50 pieds de profondeur, de recouper les pyrites riches.

La partie nord va être étudiée en direction ; le fonçage continue dans la partie sud.

Les travaux de la mine *Fern-Hill*, les observations scientifiques de M. Heurteau, ont guidé beaucoup les recherches dans la région nord de l'île que nous étudions en ce moment.

Les deux directions N.-N.-E, N.-N.-O. sont les directions générales de tous les gîtes connus jusqu'à présent.

L'éruption de roche à glaucophane a été, comme nous allons le voir, un guide sérieux dans la recherche des gîtes.

M. Heurteau a fait remarquer avec juste raison que les bancs orientés primitivement N.-N.-E., redressés par le soulèvement local dans la direction N.-O., S.-E., avaient dû conserver une tendance à la fracture suivant leur direction primitive, et qu'une éruption de roche à glaucophane devait les ramener probablement à la direction N.-N.-E.

Le cas est très net à la mine d'or *Rose*, dont nous parlerons tout à l'heure.

Dans son même travail, M. Heurteau dit qu'il est, selon lui, regrettable que des recherches n'aient pas été poussées dans les croiseurs de *Fern-Hill* dirigés N.-N.-O. C'est dans cette direction que nous allons nous porter maintenant et il sera aisé de voir que c'est probablement là que se trouvent les gros gisements.

MINE D'OR « OPHIR ». — La mine *Ophir*, qui se trouve sur la rive droite du Diahot, à l'ouest de la rivière dite de Balade, a été découverte vers 1880.

La partie du gisement de l'*Ophir* où l'on a fait les prospects se trouve à proximité d'une éruption de roches diabasiques et l'allure devient, dans cette partie, un peu désordonnée ; la régularité se manifeste plus loin au N.-N.-O.

Si l'on observe le gisement de l'*Ophir*, et en même temps *Fern-Hill*, il est aisé de reconnaître que l'*Ophir* (gisement) se trouve exactement dans une direction N. 30° O. partant des travaux de *Fern-Hill*.

Les essais de lavage au plat faits à l'*Ophir* indiquent une proportion d'or suffisante pour l'exploitation du gîte.

Mais aucune recherche sérieuse n'a été jusqu'ici tentée à l'*Ophir*.

La constatation de la position du gisement de l'*Ophir* par rapport à *Fern-Hill* a été le point de départ d'une série de découvertes que nous allons énumérer.

Chargé par M. Higginson, en 1897, de faire des recherches d'or sur les terrains qui se trouvent au N.-O. de l'*Ophir*, nous avons suivi la direction N.-N.-O. indiquée plus haut. Nous sommes parti d'un creek qui forme pour ainsi dire la limite ouest de l'*Ophir* ; nous avons trouvé le gîte dans le creek même, et nous l'avons suivi sur environ 4 kilomètres. De petites tranchées de distance en distance l'ont mis à découvert, et partout nous avons trouvé l'or au lavage au plat.

Nous sommes arrivé de la sorte à gravir toute la montagne qui sépare le Diahot de la mer ; nous avons même été sur le versant de la mer jusqu'à un creek non dénommé sur la carte qui s'appelle *creek Gigot*, où nous avons rencontré un gisement N.-N.-E. qui semble être le prolongement du filon de la mine *Rose*, mine d'or appartenant à M. Higginson.

Le point de rencontre des deux gîtes paraît devoir donner beaucoup d'or, les lavages ayant produit de très bons résultats.

De ce point de contact des deux directions N.-N.-O, N.-N.-E., nous avons marché dans la dernière, en faisant des tranchées de distance en distance : partout, sur environ 1 kilomètre, le reef a été mis à nu et les lavages ont donné de l'or.

Nous sommes arrivé de la sorte à un point assez élevé, où d'anciens prospects avaient été entrepris par M. Mac-Dowld.

Là, nous avons trouvé une crevasse assez profonde et le reef a disparu de la surface pour ne plus se montrer qu'à 1 kilomètre et demi plus bas, à la mine *Rose*, où il reparait superbe et bien en place, appuyé sur une roche à glaucophane absolument remarquable.

LA MINE « ROSE ». — Le filon de la mine *Rose* est connu sur plus de cinq cents mètres ; il a été assez exploré pour nous donner une grande idée de sa valeur.

Sa direction est nord-nord-est ; il est presque vertical, son plongement est ouest, mais il n'a pas été assez travaillé pour qu'on puisse savoir comment se comportent les colonnes de richesse.

Les lavages faits à la *Rose* ont donné d'excellents résultats. Il ne fait pas de doute qu'à courte échéance des recherches sérieuses seront entreprises et qu'une exploitation fructueuse sera établie.

Mais, ce n'est pas tout encore ; là, ne se sont pas bornées nos recherches.

Nous avons pris un alignement partant de la *Rose*, passant par le point de rencontre des deux directions filoniennes au creek Gigot et nous l'avons prolongé au sud-sud-ouest jusqu'au Diahot.

Cette direction nous a conduit dans un creek voisin de Pondelaï.

Nous avons fait des recherches dans ce creek et, de proche en proche, nous sommes arrivé à un reef qui se trouve sur la rive gauche de ce creek et qui remonte en droite ligne sur le point de rencontre dont nous avons parlé plus haut.

Sur cinq ou six cents mètres le reef émerge, les blocs de surface donnent tous de l'or au plat, et deux petites tranchées, qui ont recoupé ce reef, ont conduit sur des points où l'or est assez abondant pour très bien payer.

En résumé, on peut estimer largement à sept kilomètres la longueur de reef connue. Les proportions d'or varieront beaucoup dans toute cette étendue, mais la situation avantageuse des gisements, l'eau et le bois en abondance qui se trouvent à côté, la proximité de la mer d'une part, du Diahot de l'autre, — toutes ces conditions réunies amèneront certainement les industriels à ne pas laisser dormir plus longtemps une richesse qu'il semble si facile de mettre en exploitation.

Une série d'échantillons prélevés sur différents points figure dans l'exposition personnelle de M. Higginson; ils arrêteront certainement l'attention des connaisseurs.

En dehors de cette importante découverte, qui classe parmi les terrains aurifères la partie des mica-schistes qui part de Ouegoa pour aller jusqu'à Pondelaï et qui s'étend de la rive droite du Diahot à la mer, plusieurs autres découvertes ont été faites.

Entre la mission de Balade et Pouebo se trouve un massif très important de quartzite, et quelques petites recherches que nous avons tentées nous ont permis d'y constater la présence de l'or.

Les proportions trouvées sont faibles, 4 ou 5 grammes à la tonne; mais nous avons remarqué que les échantillons pris à deux mètres de profondeur étaient notablement plus riches que ceux de la surface.

Nos recherches ont été insuffisantes pour étudier cette partie; il n'a été fait que quelques grattages de surface et une ou deux tranchées.

Aux environs de Pouebo, dans le même terrain, nous avons obtenu des résultats analogues.

A Chamboenne, entre Pouebo et Oubatche, se trouve un plateau assez grand, formé d'une couche de débris de quartz de 1^m,50 à 2 mètres d'épaisseur, reposant sur une argile verte plastique. Les lavages des terrains de ce plateau donnent trois ou quatre couleurs d'or à chaque plat et une proportion assez forte de titane rutile ; il serait intéressant d'étudier cette partie de la colonie.

A Galorino, où il a été fait une tentative d'exploitation par une société ouvrière, le rutile se trouve en grande quantité avec l'or, et il pourrait donner lieu à une exploitation si sa consommation était sérieuse.

Nous avons aussi dirigé nos recherches vers la région des *Ouébias* où, suivant une légende généralement accréditée, on a autrefois trouvé de l'or.

Nous avons d'abord remonté le Diahot et exploré les lits actuels et les anciens lits des rivières Boila et Chinale ; nous avons lavé et obtenu de l'or un peu partout et quelquefois en proportion assez notable, mais nous ne sommes pas parvenus à trouver un reef réellement exploitable.

Ce n'est qu'en remontant la chaîne de l'Ignambi, dans un endroit autrefois prospecté par un mineur du nom de Grondin, que nous avons rencontré un gisement qui pourra devenir sérieux.

Ce gisement se compose d'un filon de fer et manganèse dans lequel deux grandes ouvertures en carrières ont été faites. Les échantillons que nous en avons emportés nous ont donné au lavage une bonne proportion d'or ; il nous paraît qu'il y a là de bonnes recherches à tenter.

Une concession de 400 hectares a été prise en permis de recherches sur ce point par M. Higginson.

Il ressort clairement de nos travaux que plusieurs régions sérieusement aurifères existent dans la colonie ; dans les micaschistes, une ou deux au moins sont suffisamment déterminées pour être l'objet de travaux de recherches et ensuite d'exploitation; les autres demandent à être étudiées par des recherches bien dirigées ; elles en valent la peine.

En dehors des mica-schistes on a signalé l'or dans les schistes cristallins à Wagap, à Canala, à Coindé. Jusqu'ici, ces points nous paraissent moins intéressants que les premiers.

Il a été fait cependant des travaux d'une certaine importance à la mine *Queyras*, dans le massif de Coindé Oua-Pocquereux. On a trouvé quelques poches de limonites aurifères donnant de belles teneurs. A Pouembout on a aussi trouvé des limonites riches au contact des éruptions mélaphyriques. A Canala-Nakéty, on a également découvert l'or ; mais, en tous ces endroits, les gisements n'ont pas été suivis suffisamment pour nous fixer sur leur valeur.

LE CHARBON

M. Louis Pelatan, dans son remarquable travail publié dans le *Génie civil* en 1892, a fait d'une façon complète l'historique du charbon en Nouvelle-Calédonie ; nous allons le résumer brièvement.

La présence du charbon en Calédonie a été signalée par le R. P. Montrouzier en 1846 ; en 1864, M. Jules Garnier entreprit, aux environs de Nouméa, quelques recherches peu importantes et il quitta la colonie, persuadé que l'on n'y rencontrerait pas de houille exploitable.

En 1873, M. Heurteau étudia les divers dépôts de combustibles minéraux de l'île, et il arriva à se convaincre que la formation houillère calédonienne était beaucoup plus développée qu'on ne l'avait supposé d'abord. Il découvrit et explora, en dehors du bassin dit de Nouméa, plusieurs faisceaux importants de couches aux environs du centre agricole de Moindou.

En 1883, l'administration locale se décida à intervenir dans la question, et une commission de recherches des gisements houillers fut instituée, avec mission de contrôler le travail que faisaient exécuter les agents de l'administration, avec le concours de la main-d'œuvre pénale. Le Conseil général de la colonie se mit plus tard de la partie, et acheta un appareil de sondage destiné à compléter les renseignements donnés par les travaux de la commission de recherches.

Le concours de toutes ces bonnes volontés amena quelques résultats plutôt scientifiques qu'industriels. On put dresser une carte géologique approximative des bassins de Nouméa et Moindou, et l'on découvrit les bassins de Muéo, Koné-Voh. M. Louis Pelatan, auteur de ce travail, a constaté que les diverses régions houillères occupaient dans l'île une superficie de 1,200 kilomètres carrés. L'importance de la formation houillère était démontrée, mais aucune donnée industrielle suffisante ne résultait encore des travaux faits.

En 1888-1889, un faisceau de couches très important fut découvert dans le bassin de la rivière Nondoué près la Dumbéa. M. Pardon, gouverneur de la Nouvelle-Calédonie à cette époque, mit à la disposition des inventeurs de la nouvelle mine (*Conseil de Guerre*) un petit contingent de condamnés pour faire quelques travaux de recherches.

En peu de temps, de nombreux prospects furent faits sur la concession, et mirent à découvert un grand nombre d'affleurements houillers.

Les recherches ont été faites sur les deux branches de la rivière : sur celle qui coule du nord au sud et où le charbon a été trouvé en premier lieu, on a mis à découvert cinq couches importantes, mais dont les allures paraissent très tourmentées ; sur la branche qui coule de l'ouest à l'est, on a mis à jour 17 couches, dont la puissance totale en charbon pur est de $20^m,50$.

Une couche donnant d'excellent charbon de forge, et située sur la première branche de la Nondoué, a été suivie sur une longueur de 86 mètres environ.

Un travers-banc, situé dans la partie régulière du bassin, sur la deuxième branche (ouest-est) a été poussé à 40 mètres ; il a recoupé une couche de $1^m,20$ d'épaisseur. Il était destiné à recouper un faisceau de trois couches passant un peu plus loin, et les travaux marchaient dans de bonnes conditions, lorsque le gouverneur reçut, du Département, l'ordre d'enlever les condamnés, pour les envoyer sur les mines de nickel, en vertu des contrats de main-d'œuvre pénale. Les recherches furent, par suite, abandonnées.

En 1895, M. le gouverneur Feillet, au cours de ses nombreuses tournées dans l'intérieur de l'île, voulut se rendre compte des gisements houillers de Nondoué : il revint émerveillé de sa visite et promit son concours aux propriétaires. Ce concours ne se fit pas attendre ; quelques mois après, un contingent de 40 condamnés se trouvait à nouveau sur les mines, et un travail sérieux était entrepris.

Un puits à section suffisante pour pouvoir au besoin servir à une petite exploitation fut foncé dans la région dite des Fougères (2° branche de la Nondoué), où les travaux de surface révélaient la présence de cinq couches.

A une profondeur de 25 mètres, on exécuta, à droite et à gauche, un travers-bancs qui recoupa les cinq couches connues en surface.

Dans une de ces couches on prit une galerie en direction et, sur 70 mètres de développement au nord, on constata une régularité absolue ; le toit et le mur sont en grès solides ; il y a cependant entre la couche et le mur un petit lit de schistes d'environ 10 centimètres (ces schistes salissent un peu le charbon, mais ils ont l'avantage de permettre un havage facile).

L'épaisseur de la couche a varié de $0^m,80$ à $1^m,30$ de charbon massif d'excellente qualité, dur et compact.

Les condamnés employés aux travaux, qui n'avaient aucun intérêt à la qualité du charbon, et qui étaient surtout ménagers de leur peine, n'ont jamais voulu abattre le charbon au coin et à la masse ; ils ont toujours procédé par un havage au mur et un coup de mine au toit. Ce procédé avait pour résultat la production de beaucoup trop de menu.

Le charbon provenant de la galerie a servi à de nombreux essais comparatifs avec le combustible d'Australie, et surtout à produire la vapeur nécessaire à une pompe d'épuisement installée au fond du puits.

Les expériences en direction ayant paru concluantes, le recoupement des cinq couches par le travers-bancs démontrant le pendage régulier des gîtes, le fonçage du puits fut repris, avec l'intention de créer un premier étage d'exploitation, et de pouvoir ainsi livrer à l'administration le charbon destiné à l'indemniser de sa main-d'œuvre.

Mais les bureaux de l'administration pénitentiaire à Paris en avaient décidé autrement, et, sous le prétexte, absolument erroné d'ailleurs, que sa précieuse main-d'œuvre était employée à construire des châteaux, elle la retira brusquement sans même donner le temps nécessaire pour enlever la pompe qui était au fond du puits et qui a été noyée avec tous les travaux.

C'est ainsi que, pour la dernière fois, les recherches du charbon durent être abandonnées.

La question du charbon en Nouvelle-Calédonie a, comme on peut le voir, subi toutes sortes de péripéties, et toujours jusqu'ici le résultat final a été le même : Cessation des travaux effectués ainsi en pure perte.

L'administration pénitentiaire a commencé toutes sortes d'entreprises, elle n'a jamais rien su terminer; elle n'a persévéré dans rien; elle a voulu parfois aider au développement du pays, mais un vrai bon mouvement n'est pas de son ressort; il ne peut durer longtemps, il y a toujours dans les bureaux un chef quelconque qui a besoin de changer quelque chose pour essayer de se faire valoir auprès du Ministre, et toujours ce dernier, croyant bien faire, se laisse circonvenir. Aussi, malheur à ceux qui comptent sur un appui quelconque! Si leur effort doit se prolonger, ils peuvent être assurés qu'ils n'arriveront pas au but.

L'histoire des recherches houillères basées sur le concours de la main-d'œuvre pénale serait là pour démontrer ce qui précède; l'histoire de l'administration pénitentiaire en Calédonie en est une preuve plus frappante encore.

Si les propriétaires des mines de houille n'avaient pas envisagé la question au point de vue national, s'ils n'avaient écouté que leurs intérêts, il y a probablement longtemps que la question du charbon serait résolue. Ce ne sont pas les offres venant d'Australie et même d'Amérique qui ont manqué. Ils auraient pu traiter avec des étrangers qui auraient exploité ; ils ne l'ont pas fait.

Le conseil général de la Calédonie vient de voter un projet d'emprunt destiné à faire de grands travaux d'utilité publique : bassin de radoub, outillage du port, chemin de fer. Si ce projet est adopté par le département, si l'emprunt se réalise, la création du chemin de fer et du bassin de radoub va faire revivre encore une fois la question qui nous occupe. La consommation de charbon augmentera dans des proportions sérieuses et le prix de revient au port de Nouméa diminuera dans de fortes proportions.

On ne peut pas cependant nier l'existence du charbon en Calédonie! On ne peut pas davantage prétendre que le charbon est de mauvaise qualité. Les expériences faites ont démontré que ce combustible était préférable à celui que l'administration achète en Australie. Les analyses faites à Paris ont prouvé également la bonne qualité de la houille calédonienne; les essais faits à Nouméa ont démontré qu'on pouvait très bien la transformer en coke.

Quelles sont donc les raisons qui ont toujours conduit à un aussi lamentable résultat?

La première de toutes est que, dans la situation actuelle, il faut risquer beaucoup de capitaux et que l'on n'est pas sûr de pouvoir en assurer la rémunération.

C'est pour cette raison capitale que les propriétaires de mines de charbon en Calédonie n'ont pas osé se lancer sérieusement dans de grandes recherches ; c'est pour cette raison qu'ils n'ont travaillé que lorsque la main-d'œuvre leur a été fournie par l'administration pénitentiaire, et c'est pour cette dernière raison que les recherches ont toujours abouti au même résultat lamentable.

En Nouvelle-Calédonie, tout essai, toute tentative basée sur le concours de l'administration pénitentiaire est vouée à un échec icen, cortamme d'ailleurs les entreprises directes de cette administration qui n'a jamais rien fait de sérieux malgré les millions dépensés.

L'exploitation de la houille permettrait des combinaisons commerciales sur lesquelles on n'a pas pu tabler jusqu'à présent, et il serait possible, nous en sommes convaincu, d'assurer une rémunération satisfaisante aux capitalistes qui s'occuperaient de ces mines.

Il faut espérer qu'avec les nouveaux éléments, la question va pouvoir être reprise et que, pour l'avenir de la colonie, pour la sûreté de l'approvisionnement de notre flotte, elle recevra enfin une solution.

NOTE

Les travaux de recherches de la mine *Conseil de Guerre* (Dumbéa) ont été visités par le général Dodds en 1896. Il a constaté lui-même, dans l'intérieur de la mine, la régularité et la continuité des couches de houille; il a pu apprécier le combustible extrait et se rendre compte des avantages qu'il présente.

Le général X..., en 1897, a également visité les travaux et une grande partie des affleurements reconnus.

Les renseignements ne manquaient donc pas, et ils étaient favorables ; mais les bureaux pénitentiaires étaient là, ils étaient sans doute mieux renseignés que ces deux honorables généraux qui, cependant, s'étaient donné la peine de voir de leurs propres yeux !

ANALYSES DES CHARBONS DE NOUVELLE-CALÉDONIE

		Matières volatiles.			
	Eau.	Gaz divers.	Carbone fixe.	Cendres.	Observations :
Moindou (Couche Loyalty).	6.00	18.00	74.23	1.77	Échantillon choisi.
Portes de fer	3.00	14.50	75.80	6.70	—
Voh	1.00	8.00	69.50	21.50	Échantillon surface
Yaoué	6.00		57.50	36.50	
Saint-Louis,	2.00	4.25	82.75	11.00	Anthracite.
Moindou (couche Leval)	1.00	5.50	86.50	7.00	—
Conseil de guerre	1.00	15.00 Coke bien aggloméré, très dur non boursouflé.	66.40	17.60	Échantillon de tout venant, analyse faite au laboratoire de l'Ecole des mines de Paris.

CHARBONS D'AUSTRALIE

	Eau.	Gaz divers.	Carbone fixe.	Cendres.
Mount Kembla.	1.30	16.20	66.70	15.80
Newcastle	3.30	22.20	65.50	9.00

Les charbons que l'on consomme actuellement à Nouméa sont le *Métropolitain* et le *Mount Kembla*, qui sont de même nature. Il est facile .de voir que les combustibles calédoniens les valent comme qualité.

Les essais comparatifs ont été en faveur des charbons de la mine *Conseil de Guerre*.

CONCLUSION ÉCONOMIQUE

Il est facile de voir, par ce qui précède, que les éléments de travail et de prospérité ne manquent pas en Nouvelle-Calédonie : l'or, l'argent, le nickel, le cuivre, le cobalt, le chrome, le fer, le plomb, le zinc, nous ajouterons même le manganèse. Le charbon existant en quantité considérable, il ne manque à la colonie que deux choses : les capitaux et la main-d'œuvre.

Depuis quelque temps, les capitaux semblent vouloir prendre le chemin de notre belle possession. Deux puissantes sociétés ont été créées ; mais, nous avons le regret de le constater, le capital français n'y est pour rien. Ce sont les Anglais qui ont confiance dans nos richesses, et non nos compatriotes.

Nous osons espérer qu'il n'en sera pas toujours ainsi et que les Français finiront par ouvrir les yeux, deviendront moins timorés.

La main-d'œuvre, la bonne main-d'œuvre fait défaut en Nouvelle-Calédonie, et maintenant que les demandes de minerai affluent, c'est cette raison seule qui limite la production.

Cette question de la main-d'œuvre préoccupe vivement tous les esprits sérieux qui s'occupent des intérêts et de l'avenir du pays. Tout le monde sent que là est le problème le plus délicat et le plus intéressant de l'heure présente.

Ceux de nos compatriotes qui habitent la colonie depuis quelque vingt ans se demandent souvent, en lisant les récits de la misère des ouvriers dans certains districts, comment il peut se faire que ces gens ne pensent pas à venir en Calédonie, où le climat est si avantageux sous tous les rapports ?

Il n'y fait pas plus chaud qu'en France au mois d'août, et la chaleur, tempérée par les vents régnants, est plus facilement supportable que celle d'Europe. En hiver, il ne fait jamais froid, le chauffage domestique n'existe pas pour les Européens.

TRAVAIL DES MINES

Les mines de nickel, de chrome, de cobalt sont plutôt des minières au sens propre du mot; leur exploitation se fait à ciel ouvert et l'abattage a lieu comme dans les carrières de France.

Il est donc inutile, pour ces mines du moins, d'être ouvrier mineur consommé; il suffit d'être bon terrassier et de savoir miner pour arriver à donner des résultats satisfaisants.

Ce que l'on demande à l'ouvrier, c'est un peu de discernement; il faut qu'il sache distinguer les parties minéralisées des parties stériles. Cela n'est pas généralement très difficile, et, après quelques mois de pratique d'un chantier, tous les hommes savent parfaitement distinguer les parties pauvres des parties riches.

Il existe du reste, sur chaque carrière, un chef de chantier expérimenté qui surveille d'une façon spéciale le triage des matières, et ce que l'on demande à l'ouvrier, c'est surtout l'exactitude, l'énergie et la bonne volonté dans le travail.

Par conséquent, tout homme courageux, bien constitué, n'a pas à craindre de ne pas donner satisfaction; il peut être certain de remplir les conditions qui lui seront demandées.

La durée du travail est de huit heures de présence sur les chantiers. Ces huit heures se font généralement, moitié dans la matinée, moitié dans l'après-midi; en été, le travail commence de grand matin, un repos de trois heures ou trois heures et demie a lieu au milieu de la grande chaleur, le restant de la tâche se fait dans l'après-midi.

Dans certains cas, rares d'ailleurs, les huit heures se font sans intervalle de repos. Il n'y a que les hommes travaillant au contrat qui opèrent de la sorte; ils se fatiguent certainement davantage, mais ils sont libres plus tôt, et peuvent ensuite utiliser le temps qui leur reste.

Nous devons cependant signaler une particularité du travail des mines à l'ouvrier européen qui désirera s'expatrier avec sa famille; c'est l'ascension qu'il devra faire chaque matin et la descente qu'il devra opérer le soir, s'il veut rentrer chaque jour dans sa maison.

Les mines sont généralement situées à 400 ou 500 mètres d'altitude, et la durée de l'ascension variera de vingt minutes à une demi-heure.

Cette dépense de force pour se rendre au chantier sera un peu plus grande en Nouvelle-Calédonie qu'en France, où, en général, les accidents de terrain sont insignifiants.

Une fois au chantier, il y trouvera une compensation ; car, lorsqu'il fait très chaud dans les vallées, la température est beaucoup moins élevée dans la montagne, et, la fraîcheur de la brise aidant, il se trouvera dans d'excellentes conditions pour effectuer son travail.

Dans beaucoup de mines, on rencontre sur les chantiers, ou à très peu de distance, des ruisseaux donnant une eau fraîche excellente. Lorsque ces conditions ne sont pas réalisées, les exploitants approvisionnent les travailleurs en faisant monter l'eau par les chemins de fer aériens qui desservent les champs d'exploitation.

Ce que l'on peut affirmer, c'est que l'ouvrier mineur calédonien a moins de peine que le terrassier français, et qu'il **travaille dans des conditions hygiéniques parfaites**.

Les salaires payés sur les petites mines sont généralement les suivants :

Pour un ouvrier moyen. . . . . . 4 fr. 50 à 5 fr. par jour.
Pour un bon ouvrier. . . . . 5 fr. » à 5.50 —
Pour un très bon ouvrier empl. depuis longtemps sur la mine. . . . 5 fr. 50 à 6 fr. —

Voici un aperçu du prix des denrées principales :

Le pain se vend, sur les petites mines. . 0 fr. 50 le kilog.
Le vin. . . . . 1 fr. 00 le litre.
Le riz. . . . . 0 fr. 50 le kilog.
La viande. . . . . de 1.25 à 1.50 le kil.
Le saindoux. . . . . 2 fr. » le kilog.
L'épicerie, 1 + 1/2 du prix de France.
La mercerie, 1 + 1/2 du prix de France.

Certaines grandes Sociétés ont créé des magasins très bien assortis, où elles débitent, non-seulement à leurs ouvriers, mais à tout le monde, les marchandises au plus juste prix. Elles vendent, par exemple :

    Le pain. . . . . de 0 fr. 35 à 0 fr. 40 le kilog.
    Le vin.. . . . . 0 fr. 80 le litre.
    Le riz. . . . . 0 fr. 40 le kilog.
    La viande. . . . . 1 fr. 25 le kilog.

L'épicerie et la mercerie sont aussi à meilleur marché.

Moyennant ces avantages, elles paient les journées 0 fr. 50 meilleur marché que les petits mineurs ; il y a ainsi, en quelque sorte, compensation.

Le grand avantage que trouvera l'Européen en Calédonie consiste surtout dans les frais d'habillement, de chauffage et de logement.

En Calédonie on se vêt toujours légèrement et on ne se chauffe jamais ; le seul combustible à dépenser est le bois nécessaire à la lessive et à la cuisine ; et encore l'ouvrier, dans presque toutes les mines, n'a-t-il que la peine de le ramasser.

Les ouvriers qui voudront se décider à aller en Calédonie sont assurés d'un travail régulier et rémunérateur ; ils auront moins de peine qu'en Europe et ils vivront mieux.

Le gouverneur de la Nouvelle-Calédonie va mettre en pratique un projet dont il s'occupe depuis longtemps ; il va créer des centres ouvriers, comme il a créé les centres agricoles.

Par une circonstance heureuse et particulière au pays, il se trouve, au pied de presque toutes les mines, d'excellentes terres d'alluvion, d'un travail facile et d'un rapport certain.

Le projet du chef de la colonie est de donner, à chaque mineur émigrant qui s'installera dans un centre, et à des conditions exceptionnellement avantageuses, un lot de terrain lui permettant de se créer un vaste potager et d'y bâtir une maison.

Les conditions ne sont pas encore parfaitement arrêtées ; mais nous croyons savoir que la terre serait provisoirement mise gratuitement à la disposition des émigrants ; chaque ouvrier serait tenu d'occuper son lot, d'y installer une maison et de créer un jardin. Moyennant ces conditions remplies et un séjour de trois ans sur son lot, il en deviendrait propriétaire définitif à l'expiration des trois années.

En cas d'abandon avant la période fixée, tous les droits seraient perdus, et le lot de terrain ferait retour au domaine colonial.

Il y a là certainement un encouragement très grand donné aux travailleurs : la possibilité de devenir propriétaire après trois années est bien faite pour décider les hommes sérieux et rangés à quitter un pays où la vie est difficile, le climat dur, pour venir s'installer dans un pays facile à vivre et sous un des plus beaux, sinon le plus beau climat du monde.

La création de centres industriels importants entraînera celle des écoles, des communications télégraphiques, etc. — L'ouvrier trouvera, en même temps qu'une situation avantageuse, la facilité de donner l'instruction à ses enfants.

Jusqu'ici, nous avons compris, en partie du moins, le peu d'empressement que les travailleurs sérieux ont mis à s'expatrier en Calédonie ; nous avons compris que le voisinage du grand pénitencier n'avait rien d'attrayant pour un honnête père de famille. Mais, à l'heure actuelle, ces raisons n'existent plus ; les condamnés ont cessé d'être envoyés en Calédonie ; d'ici quelques années la transportation n'existera plus qu'à l'état de mauvais souvenir, et une population virile et saine la remplacera.

Le moment de se décider nous paraît donc arrivé pour les ouvriers qui veulent aller aux colonies. Le Conseil général de la colonie, comme nous l'avons déjà dit, vient de voter un projet d'emprunt de 10 millions pour l'exécution des grands travaux d'utilité publique ; il faudra de nombreux travailleurs pour l'exécution de ce vaste programme, qui n'est, d'ailleurs, qu'un commencement.

Les mines de nickel, chrome, cobalt, cuivre, or, plomb, argent, sont assurées de beaucoup de travail pour une longue période ; jamais occasion ne fut si belle d'arriver les premiers dans un pays en quelque sorte neuf.

Un champ des plus vastes est ouvert à l'intelligence et au

travail; nous espérons que nos compatriotes sauront en profiter.

Avec la diversité des travaux qui vont s'entreprendre, il y a des éléments pour tous les corps d'état ; c'est non seulement aux mineurs que nous nous adressons, mais aux mécaniciens, fondeurs, ajusteurs, maçons, menuisiers, charpentiers, etc., etc.

Nous les engageons à considérer que si les Français ne se décident pas, les Australiens, les Anglais, les Allemands, les Italiens, etc., viendront prendre les situations ; et vraiment il serait triste de voir notre belle Calédonie peuplée par d'autres nations que par la France !

Nous jouerions réellement de malheur si, après avoir été une colonie pénitentiaire, nous devenions une colonie cosmopolite.

LE RÉGIME MINIER

Pour terminer avec la question des mines, il nous reste à dire quelques mots du régime qui réglemente la Calédonie au point de vue minier.

Les mines sont régies par le décret de 1892 qui, pris dans son ensemble, diffère peu de la loi de 1810. Les dispositions qui y dérogent ont été faites dans un esprit libéral et sont mieux appropriées à un pays neuf comme notre colonie.

Elles consistent, principalement, dans une plus grande facilité donnée aux mineurs pour devenir propriétaires ; elles favorisent les recherches ; elles simplifient les formalités administratives ; on ne peut, en général, que les approuver. Il est certain, cependant, que des modifications heureuses pourraient encore être apportées, et nous ne doutons pas que, lorsque la colonie sera mieux connue du Conseil général des mines de Paris, ces modifications se feront facilement.

Recherches. — Les recherches peuvent avoir lieu librement sur les terres du Domaine, mais tout chercheur, qui demande un périmètre de recherches avec *droit exclusif* d'y faire des travaux, est tenu de payer un droit annuel de 0 fr. 40 par hectare.

La redevance de 0 fr. 40 doit être payée chaque année, et d'avance, sous peine de voir le droit périmé.

Les recherches sur les terrains aliénés ne peuvent avoir lieu qu'avec le consentement du propriétaire ou, en cas de refus de celui-ci, en vertu d'un permis délivré par le gouverneur en conseil privé, le comité consultatif des mines ayant donné son avis sur la demande ; ce permis de recherches est taxé, comme le premier, à 0 fr. 40 par hectare.

Le propriétaire du sol a eu, pendant les deux années qui ont suivi la promulgation du décret de 1892, le droit exclusif de se livrer à des recherches sur sa propriété sans verser aucune taxe. Aujourd'hui, s'il veut avoir un permis de recherches, il doit payer 0 fr. 40 par hectare.

Les travaux de recherches ne peuvent dégénérer en travaux d'exploitation ; néanmoins, le prospecteur peut tirer parti des produits provenant de ses recherches, moyennant le paiement d'une taxe de 50 francs.

Tel est, en quelques lignes, l'esprit du chapitre du décret de 1892, qui traite de la recherche des mines.

Concessions. — Les concessions de mines sont accordées par le gouverneur en conseil privé, après avis du comité consultatif des mines.

Les demandes de concession sont faites par voie de pétition au gouverneur.

Ces demandes sont soumises à une série de formalités administratives, dans le genre de celles édictées par la loi de 1810, mais elles sont beaucoup plus simples que ces dernières.

L'obtention d'une concession exige la démonstration, par le demandeur, de l'existence d'un gîte exploitable.

Une demande de concession exige le versement immédiat des frais d'institution, publication à l'*Officiel*, affichage, etc., etc.; coût : 76 fr. 50, auquel il faut ajouter les frais de délimitation, soit 3 francs par hectare, pour les mines de surface supérieure à 25 hectares, et, pour les mines ayant une surface de 25 hectares et au-dessous, 75 francs.

Une fois les formalités remplies, la délimitation faite et la mine concédée, le propriétaire doit payer une redevance fixe de 0 fr. 50 par hectare et par an.

Pendant tout le temps qui court entre la demande de concession et la délivrance du titre de propriété, la mine est assimilée aux permis de recherches, et la taxe annuelle à payer par le demandeur est de 0 fr. 40 par hectare.

Impôt sur les mines. — L'impôt sur les mines se compose de deux taxes : 1° La redevance de 0 fr. 50 par hectare, qui est fixe ; 2° un droit sur l'exploitation, fixé à 0 fr. 25 la tonne sur les minerais de nickel, cobalt, cuivre, chrome, plomb, zinc, manganèse, antimoine, etc.; et à 0 fr. 05 par tonne pour le charbon. Ce droit sur l'exploitation est perçu au moment de l'exportation des produits.

Pour les mines d'or, la redevance fixe est de 0 fr. 50 par hectare; le droit d'exploitation n'est pas encore déterminé, il le sera lorsque la colonie produira le précieux métal.

Une particularité du régime minier de Calédonie, c'est que tout dépôt ou gîte de matière susceptible d'une utilisation spéciale est considéré comme mine; il n'y a pas, comme en France, la ligne de démarcation entre les mines et les minières.

Dispositions diverses. — Les droits des propriétaires du sol et les devoirs des explorateurs et des exploitants sont déterminés par des dispositions exactement semblables à celles de la loi de 1810.

Il en est de même des droits des concessionnaires de mines.

Jusqu'ici, l'application du décret de 1892 n'a pas donné lieu à des conflits sérieux.

Ce rapide exposé ne comporte pas l'examen des modifications de détail que demandent les mineurs calédoniens, pour rendre plus pratique encore et plus approprié au pays le régime actuel.

FIN

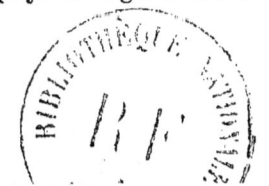

TABLE DES MATIÈRES

Introduction.   v
Géographie économique, outillage, colonisation.   1
Pièces annexes. 37
Notice sur la transportation et sur la relégation en Nouvelle-
    Calédonie. 51
L'Élevage en Nouvelle-Calédonie. 69
Agriculture. — Produits végétaux. 89
Les Néo-Calédoniens. — Race, coutumes, industrie. 117
Les mines en Nouvelle-Calédonie. 155

FIN DE LA TABLE DES MATIÈRES

SAINT-DENIS. — IMPRIMERIE H. BOUILLANT, 20, RUE DE PARIS. — 12961

SAINT-DENIS. — IMP. H. BOUILLANT, 20, RUE DE PARIS

www.ingramcontent.com/pod-product-compliance
Lightning Source LLC
Chambersburg PA
CBHW051859160426
43198CB00012B/1677